Trotzdem

Reflexões
sobre as causas da liberdade e da opressão social

Trotzdem 16

Simone Weil
Reflexões sobre as causas da
liberdade e da opressão social
Título original
Réflexions sur les causes de la
liberté et de l'oppression sociale

Tradução
Pedro Fonseca
Preparação
Silvia Massimini Felix
Revisão
Ana Martini
Andrea Stahel
Projeto gráfico
Federico Barbon Studio
Tipografia
Patos, de Federico Paviani

Direção editorial
Pedro Fonseca
Direção de arte
Daniella Domingues
*Coordenação
de comunicação*
Amabile Barel
Redação
Andrea Stahel
Designer assistente
Gabriela Forjaz
Conselho editorial
Lucas Mendes

© Editora Âyiné, 2020, 2022
Todos os direitos reservados

ISBN 978-65-86683-13-4

Editora Âyiné
Praça Carlos Chagas, 49
Belo Horizonte 30170-140
+55 31 3291-4164
www.ayine.com.br
info@ayine.com.br

Âyiné

Reflexões
sobre as causas da liberdade e da opressão social

Tradução
Pedro Fonseca

SIMONE
Weil

Sumário

11 Introdução
15 Crítica do marxismo
37 Análise da opressão
73 Quadro teórico de uma sociedade livre
105 Esboço da vida social contemporânea
123 Conclusão

No que concerne às coisas humanas, não rir, não chorar, não se indignar, mas compreender.
— Espinosa

O ser dotado de razão pode fazer de todo obstáculo matéria de trabalho, e dele tirar partido.
— Marco Aurélio

Introdução

O período presente é uma daquelas épocas nas quais tudo o que normalmente parece constituir uma razão para viver se desvanece; em que, sob pena de se perder na confusão ou na inconsciência, devemos questionar tudo. Apenas uma parte do mal que sofremos pode ser atribuída ao triunfo dos movimentos autoritários e nacionalistas que destroem um pouco, em todos os lugares, a esperança que as pessoas honestas haviam depositado na democracia e no pacifismo; ele é bem mais profundo e vasto. Podemos nos perguntar se existe um âmbito da vida pública ou privada em que as próprias fontes da atividade e da esperança não estejam envenenadas pelas condições nas quais vivemos. Já não se realiza mais o trabalho com a consciência orgulhosa de que se é útil, mas sim com o sentimento humilhante e angustiante de possuir um privilégio outorgado por um favor passageiro da sorte, um privilégio do qual muitos seres humanos são excluídos pelo próprio fato de que outros desfrutam dele; ou seja, uma vaga. Até mesmo os empresários perderam essa crença ingênua em um avanço econômico ilimitado que lhes fazia imaginar terem uma missão. O progresso técnico parece ter fracassado, já que em lugar do bem-estar trouxe às massas apenas a miséria física e moral na qual as vemos se debaterem. Além disso, as inovações técnicas já não são admitidas em lugar algum, salvo nas indústrias de guerra. Quanto ao progresso científico, não se percebe de que serve empilhar mais conhecimento sobre um amontoado já muito vasto para poder ser abarcado pelo próprio pensamento dos especialistas; e a experiência mostra que nossos antepassados se equivocaram ao acreditar na difusão das luzes, já que só se pode divulgar entre as massas uma miserável caricatura da cultura científica moderna, caricatura que, longe de torná-las capazes de julgar, as acostuma à credulidade. A própria arte sofre o contragolpe da confusão geral, que a priva em parte de seu público, e justamente com isso mina a inspiração. Enfim, a vida familiar tornou-se apenas ansiedade, a partir do momento em que a sociedade se fechou aos jovens. A própria geração para a qual a espera febril do porvir constitui a vida inteira vegeta, no mundo todo, com a consciência de não ter futuro algum, de que para ela não há lugar em nosso universo. Por outro lado, esse mal, nos dias atuais, se é mais agudo para os jovens, é comum a toda a humanidade. Vivemos em uma época privada de futuro. A expectativa do que virá já não é esperança, mas angústia.

Todavia desde 1789 há uma palavra mágica que contém em si todo futuro imaginável, e nunca é tão rica de esperanças como nas situações desesperadas; é a palavra revolução. E há algum tempo ela é pronunciada com frequência. Deveríamos estar, assim parece, em pleno período revolucionário; porém, tudo avança como se o movimento revolucionário decaísse com o próprio regime que aspira a destruir. Há mais de um século, cada geração de revolucionários se revezava, à espera de uma revolução próxima; hoje essa esperança perdeu tudo aquilo que lhe poderia servir de suporte. Nem no regime que surgiu da Revolução de Outubro, nem nas duas Internacionais, nem nos partidos socialistas ou comunistas independentes, nem nos sindicatos, nem nas organizações anarquistas, nem nos pequenos agrupamentos de jovens que surgiram em grande quantidade há algum tempo pode-se encontrar algo vigoroso, saudável ou puro; já faz muito tempo que a classe operária não dá qualquer sinal da espontaneidade com a qual contava Rosa Luxemburgo, e que, aliás, sempre que se manifestou, foi prontamente afogada em sangue; as classes médias são seduzidas pela revolução apenas quando ela é evocada, para fins demagógicos, por aprendizes de ditador. Repete-se com frequência que a situação é objetivamente revolucionária e que falta apenas o «fator subjetivo»; como se a carência total da única força que poderia transformar o regime não fosse um caráter objetivo da situação atual, e cujas raízes deveriam ser procuradas na estrutura de nossa sociedade! Por isso, o primeiro dever que o período presente nos impõe é o de termos coragem intelectual suficiente para nos perguntarmos se o termo revolução é algo mais do que uma palavra, se ele tem um conteúdo preciso, se não é simplesmente uma das inúmeras mentiras suscitadas pelo regime capitalista em seu desenvolvimento e que a crise atual nos ajuda a dissipar. Essa questão parece ímpia, se pensarmos em todos os seres nobres e puros que sacrificaram tudo por essa palavra, inclusive a vida. Mas apenas os sacerdotes podem pretender medir o valor de uma ideia pela quantidade de sangue que ela fez correr. Quem poderá dizer se os revolucionários não derramaram o próprio sangue em vão, como aqueles gregos e troianos do poeta que, enganados por uma falsa aparência, lutaram por dez anos em torno da sombra de Helena?

Crítica do marxismo

Até os dias de hoje, todos aqueles que sentiram necessidade de fundamentar seus sentimentos revolucionários em concepções exatas encontraram esses conceitos em Marx. Dá-se por certo que Marx, por meio de sua teoria geral da história e sua análise da sociedade burguesa, demonstrou a necessidade inelutável de uma mudança próxima em que a opressão à qual nos submete o regime capitalista será abolida; ou melhor, à custa de estarmos persuadidos, já não examinamos mais de perto esse pressuposto. O «socialismo científico» passou à categoria de dogma, exatamente como aconteceu com todos os resultados obtidos pela ciência moderna, resultados em que cada um acredita ter o dever de acreditar, sem jamais pensar em obter seu método. Naquilo que concerne a Marx, se buscarmos nos apropriar verdadeiramente de sua demonstração, perceberemos no mesmo instante que ela comporta dificuldades muito maiores do que os propagandistas do «socialismo científico» sugerem.

A bem da verdade, Marx explica admiravelmente o mecanismo da opressão capitalista; mas o explica tão bem que é difícil imaginar como esse mecanismo poderia deixar de funcionar. Dessa opressão, considera-se geralmente apenas o aspecto econômico, isto é, a extorsão da mais-valia; e, se pensarmos de acordo com tal ponto de vista, é certamente fácil explicar às massas que essa extorsão está ligada à concorrência, por sua vez ligada à propriedade privada, e que no dia em que a propriedade privada se tornar coletiva tudo ficará bem. Todavia, mesmo dentro dos limites desse raciocínio aparentemente simples, em uma análise mais atenta surgem inúmeras dificuldades. De fato, Marx mostrou muito bem que a verdadeira razão da exploração dos trabalhadores não consiste no desejo de gozar e consumir característico dos capitalistas, mas sim na necessidade de expandir a empresa o mais rápido possível para torná-la mais poderosa do que suas concorrentes. Ora, não apenas a empresa, mas qualquer espécie de coletividade trabalhadora, seja ela qual for, necessita restringir ao máximo o consumo de seus membros para dedicar o maior tempo possível a forjar armas contra as coletividades rivais; de modo que, enquanto houver sobre a face da terra uma luta pelo poder, e enquanto o fator decisivo da vitória for a produção industrial, os operários serão explorados. Com efeito, Marx supunha, sem na verdade prová-lo, que toda espécie de luta pelo poder desaparecerá no dia em que o socialismo triunfar em todos os países industrializados; o único porém é que, como o próprio Marx reconhecia, a revolução não pode ser levada a cabo simultâneamente em todos os lugares; e, quando é feita em um país, ela não suprime, mas acentua a necessidade desse país explorar e oprimir as massas trabalhadoras, por temor de mostrar-se mais débil do que as outras nações. A história da Revolução Russa constitui uma ilustração dolorosa disso.

 Se consideramos outros aspectos da opressão capitalista, aparecem algumas dificuldades ainda mais graves, ou, melhor dizendo, a mesma dificuldade vista em luz mais crua. A força que a burguesia possui de explorar e oprimir os operários reside nos próprios fundamentos de nossa vida social, e não pode ser eliminada por nenhuma transformação política e jurídica. Essa força é antes de tudo e essencialmente o próprio regime da produção moderna, isto é, a grande indústria. A esse propósito, abundam as fórmulas vigorosas, em Marx, relativas à escravização do trabalho vivo ao trabalho morto, «a inversão da relação entre o objeto e o sujeito», «a subordinação do trabalhador às condições materiais do trabalho». «Na fábrica», ele escreve em *O capital*,

> existe um mecanismo independente dos trabalhadores, e que os incorpora como engrenagens vivas [...] A separação entre as forças espirituais que intervêm na produção e o trabalho manual, e a transformação das primeiras em poder do capital sobre o trabalho, encontram seu auge na grande indústria fundada sobre o maquinismo. O detalhe do destino individual daquele que opera a máquina desaparece como um nada diante da ciência, das formidáveis forças naturais e do trabalho coletivo que são incorporados no conjunto das máquinas e constituem com elas o poder do senhor.

Assim, a completa subordinação do operário à empresa e àqueles que a dirigem reside na estrutura da fábrica e não no regime de propriedade. Igualmente, «a separação entre as forças espirituais que intervêm na produção e o trabalho manual» ou, segundo outra formulação, «a degradante divisão do trabalho em trabalho manual e trabalho intelectual» é a própria base de nossa cultura, que é uma cultura de especialistas. A ciência é um monopólio não devido a uma má organização da instrução pública, mas por sua própria natureza; os profanos têm acesso apenas aos resultados, não aos métodos, isto é, eles podem apenas crer, e não assimilar. O próprio «socialismo científico» manteve-se como monopólio de alguns, e os «intelectuais» infelizmente têm no movimento operário os mesmos privilégios que possuem na sociedade burguesa. E o mesmo acontece no âmbito político. Marx havia claramente percebido que a opressão estatal se baseia na existência de aparatos de governo permanentes e distintos da população, isto é, aparatos burocráticos, militares e policiais; mas esses aparatos permanentes são o efeito inevitável da distinção radical que existe de fato entre as funções de direção e as de execução. Ainda nesse ponto, o movimento operário reproduz integralmente os vícios da sociedade burguesa. Em todos os âmbitos, deparamos com o mesmo obstáculo. Toda a nossa civilização é fundada na especialização, o que implica a escravização daqueles que executam por aqueles que coordenam; e sobre essa base pode-se apenas organizar e aperfeiçoar a opressão, mas não mitigá-la. A sociedade capitalista está bem longe de ter elaborado em seu seio as condições materiais de um regime de liberdade e igualdade; a instauração de tal regime supõe uma transformação preliminar da produção e da cultura.

É possível compreender que Marx e seus seguidores possam ter acreditado na possibilidade de uma democracia efetiva sobre as bases da civilização atual apenas se levamos em consideração sua teoria do desenvolvimento das forças produtivas. Sabe-se que, do ponto de vista de Marx, esse desenvolvimento constitui, em última análise, o verdadeiro motor da história, e que ele é praticamente ilimitado. Cada regime social, cada classe dominante tem como «tarefa», como «missão histórica», levar as forças produtivas a um grau sempre mais elevado, até o dia em que todo e qualquer progresso futuro é contido pelas estruturas sociais; nesse momento as forças produtivas se rebelam, rompendo aquelas estruturas, e uma nova classe se apropria do poder. A constatação de que o regime capitalista esmaga milhões de seres humanos permite apenas que ele seja condenado moralmente; o que constitui a condenação histórica do regime é o fato de que, após ter tornado possível o progresso da produção, agora se interpõe a ele. A tarefa das revoluções consiste essencialmente na emancipação, não dos homens, mas das forças produtivas. A bem da verdade, é claro que, no momento em que essas forças tiveram atingido um desenvolvimento satisfatório para que a produção possa se realizar à custa de um pequeno esforço, as duas tarefas coincidem; e Marx supunha que esse era o caso de nossa época. Essa suposição lhe permitiu estabelecer um acordo, indispensável para sua tranquilidade moral, entre suas aspirações idealistas e sua concepção materialista da história. Para ele, a técnica atual, uma vez livre das formas capitalistas da economia, pode dar aos homens, desde então, conforto suficiente para permitir um desenvolvimento harmonioso de suas próprias faculdades, e assim fazer desaparecer em certa medida a especialização degradante estabelecida pelo capitalismo; mas sobretudo o desenvolvimento posterior da técnica deve aliviar cada vez mais, dia após dia, o peso da necessidade material, e como consequência imediata aquela da constrição social, até que a humanidade atinja enfim um estado literalmente paradisíaco, no qual a produção mais abundante acarretaria um esforço insignificante, no qual a antiga maldição do trabalho seria abolida, em suma, no qual se reencontraria a felicidade de Adão e Eva antes do pecado. Compreende-se muito bem, a partir dessa concepção, a posição dos bolcheviques, e por que todos, inclusive Trótski, tratam as ideias democráticas com soberano desprezo. Eles se viram incapazes de realizar a democracia operária concebida por Marx; mas não se perturbam por tão pouco, convencidos como estão, por um lado, de que qualquer tentativa de ação social que não consista em desenvolver as forças produtivas está condenada de antemão ao fracasso e, por outro lado, de que todo progresso das forças produtivas faz a humanidade avançar na via da libertação, ainda que a custo de uma opressão provisória. Não surpreende que, com tal segurança moral, eles tenham maravilhado o mundo por sua força.

Todavia é raro que as crenças reconfortantes sejam ao mesmo tempo razoáveis. Antes de examinar a concepção marxista das forças produtivas, impressiona o caráter mitológico que ela apresenta em toda a literatura socialista, na qual é admitida como um postulado. Marx não explica jamais por que as forças produtivas tenderiam a crescer. Ao admitir sem provas essa tendência misteriosa, ele se aproxima não de Darwin, como gostava de crer, mas de Lamarck, que fundava também por sua vez todo o seu sistema biológico sobre uma tendência inexplicável dos seres vivos para a adaptação. E, ainda, por que, quando as instituições sociais se opõem ao desenvolvimento das forças produtivas, a vitória deveria caber antes a estas do que àquelas? É claro que Marx não supõe que os homens transformem conscientemente seu estado social para melhorar sua situação econômica; ele sabe muito bem que até nossos dias as transformações sociais nunca foram acompanhadas por uma consciência clara de seu alcance real; ele admite, assim, implicitamente, que as forças produtivas possuem uma virtude secreta que lhes permite superar os obstáculos. Enfim, por que ele coloca sem demonstração, e como verdade evidente, que as forças produtivas são suscetíveis a um desenvolvimento ilimitado? Toda essa doutrina, na qual se baseia inteiramente a concepção marxista da revolução, é desprovida de todo caráter científico. Para compreendê-la, é preciso lembrar as origens hegelianas do pensamento marxista. Hegel acreditava que um espírito oculto opera no universo, e que a história do mundo é apenas a história desse espírito do mundo, o qual, como tudo aquilo que é espiritual, tende indefinidamente à perfeição. Marx tencionou «pôr nos trilhos» a dialética hegeliana, que ele acusava de estar de «pernas para o ar»; ele substituiu a matéria pelo espírito como motor da história; mas, por um extraordinário paradoxo, concebeu a história, a partir dessa retificação, como se atribuísse à matéria aquilo que é a própria essência do espírito, uma perpétua aspiração ao melhor. Dessa maneira, aliás, concordava profundamente com a linha geral do espírito capitalista; transferir o princípio do progresso do espírito às coisas significa atribuir uma expressão filosófica a essa «subversão da relação entre o sujeito e o objeto» na qual Marx via a própria essência do capitalismo. A ascensão da grande indústria fez das forças produtivas a divindade de uma espécie de religião cuja influência Marx sofreu involuntariamente, ao elaborar sua concepção de história. O termo religião pode surpreender em se tratando de Marx; mas crer que nossa vontade convirja com uma vontade misteriosa que estaria operando no mundo e que nos ajudaria a vencer é pensar religiosamente, é acreditar na Providência. Na verdade, o próprio vocabulário de Marx é prova disso, visto que contém expressões quase místicas, como «missão histórica do proletariado». Essa religião das forças produtivas em nome da qual gerações de patrões esmagaram as massas trabalhadoras sem o mínimo remorso constitui do mesmo modo um fator de opressão no cerne do movimento socialista; todas as religiões fazem do homem um simples instrumento da Providência, e o socialismo também coloca os homens a serviço do progresso histórico, isto

Crítica do marxismo

é, do progresso da produção. Por isso, seja qual for a ofensa infligida à memória de Marx pelo culto que lhe dedicam os opressores da Rússia moderna, ela não é de todo desprovida de sentido. Marx, é verdade, não teve jamais outro impulso além de uma aspiração generosa à liberdade e à igualdade; mas essa aspiração, uma vez isolada da religião materialista com a qual se confundia em seu espírito, pertence sem dúvida àquilo que ele chamava desdenhosamente de socialismo utópico. Se a obra de Marx não tivesse nada de mais precioso, poderia ser esquecida sem inconvenientes, com exceção ao menos das análises econômicas.

Porém não é o caso; em Marx se encontra uma concepção diferente do hegelianismo às avessas, isto é, um materialismo que já não tem nada de religioso e que constitui não mais uma doutrina, e sim um método de conhecimento e ação. Não é raro entrever assim, em alguns grandes espíritos, duas concepções distintas e até mesmo incompatíveis se confundirem devido à imprecisão inevitável da linguagem; absorvidos pela elaboração de novas ideias, falta-lhes tempo para submeter a exame crítico aquilo que descobriram. A grande ideia de Marx é que na sociedade, assim como na natureza, nada se realiza a não ser por meio de transformações materiais. «Os homens fazem sua própria história, mas em condições determinadas.» Desejar não é nada, é preciso conhecer as condições materiais que determinam nossas possibilidades de ação; e no âmbito social essas condições são definidas pela maneira por meio da qual o homem obedece às necessidades materiais ao prover suas próprias necessidades; em outras palavras, pelo modo de produção. Uma melhora metódica da organização social supõe um estudo preliminar aprofundado do modo de produção, para procurar saber, por um lado, o que se pode esperar dele, no futuro próximo e distante, do ponto de vista do rendimento; por outro lado, quais formas de organização social e de cultura são compatíveis com ele e, por fim, como ele próprio pode ser transformado. Apenas os irresponsáveis podem negligenciar um estudo como esse e pretender, no entanto, reger a sociedade; infelizmente é o que acontece por toda parte, tanto nos meios revolucionários quanto entre os dirigentes capitalistas. O método materialista, esse instrumento que Marx nos legou, é um instrumento virgem; nenhum marxista se serviu dele verdadeiramente, a começar pelo próprio Marx. A única ideia de fato preciosa que se encontra na obra de Marx é também a única que foi negligenciada por completo. Não surpreende que os movimentos sociais advindos do marxismo tenham fracassado.

A primeira questão a ser colocada é a do rendimento do trabalho. Temos razões para supor que a técnica moderna, em seu nível atual, seja capaz, na hipótese de repartição equitativa, de assegurar a todos suficiente bem-estar e conforto para que o desenvolvimento do indivíduo não continue a ser interposto pelas condições modernas do trabalho? Parece que há a esse respeito muitas ilusões, sabiamente alimentadas pela demagogia. Não são os lucros que devem ser calculados; os lucros reinvestidos na produção seriam, no conjunto, retirados dos trabalhadores sob qualquer regime. Seria preciso fazer a soma de todos os trabalhos de que poderíamos nos dispensar à custa de uma transformação do regime da propriedade. E ainda assim o problema não estaria resolvido; é preciso levar em consideração os trabalhos que implicariam a reorganização completa do aparato de produção, reorganização necessária para que a produção seja adaptada à sua nova finalidade, a saber, o bem-estar das massas; não se deve esquecer que a fabricação de armas não seria abandonada antes que se extinguisse o regime capitalista em todos os lugares; sobretudo é preciso prever que a destruição do lucro individual, ainda que faça desaparecer certas formas de desperdício, suscitaria outras. Evidentemente, estabelecer cálculos precisos é impossível; mas eles não são indispensáveis para que se perceba que a supressão da propriedade privada por certo não bastaria para impedir que o trabalho nas minas e nas fábricas continue a pesar como uma espécie de escravidão para aqueles que estão subjugados a ele.

Mas, se o estado atual da técnica não é suficiente para libertar os trabalhadores, pode-se ao menos esperar razoavelmente que ela seja destinada a um desenvolvimento ilimitado, o que implicaria um crescimento ilimitado do rendimento do trabalho? É o que todos admitem, tanto os capitalistas como os socialistas, e sem qualquer estudo prévio da questão; foi suficiente que nos últimos três séculos o rendimento do esforço aumentasse de maneira inaudita para esperar que esse crescimento prosseguisse no mesmo ritmo. Nossa cultura dita científica nos deu esse hábito funesto de generalizar, de extrapolar arbitrariamente, em vez de estudar as condições de um fenômeno e os limites que elas implicam. Marx, cujo método científico deveria preservá-lo de um erro como esse, esbarrou nesse ponto da mesma maneira que os outros.

O problema é capital, e de tal natureza que determina todas as nossas perspectivas; é necessário formulá-lo com extrema precisão. A esse respeito, é importante saber antes de tudo em que consiste o progresso técnico, quais fatores intervêm, e examinar separadamente cada um deles; pois se confundem sob o nome do progresso técnico procedimentos de todo diferentes, e que oferecem possibilidades de desenvolvimento diversas. O primeiro procedimento que se apresenta ao homem para produzir mais com um esforço menor é a utilização das fontes naturais de energia; e em certo sentido é verdade que não se podem atribuir para os benefícios desse processo limites precisos, porque se ignora quais novas energias poderão um dia ser utilizadas; mas isso não significa que por essa via possa haver perspectivas de progresso indefinidas, nem que o progresso esteja em geral assegurado. Pois a natureza não nos dá essa energia, seja qual for a forma como se apresente: força animal, carvão ou petróleo; é preciso arrancá-la, transformá-la com nosso trabalho para adaptá-la aos nossos próprios fins. Ora, esse trabalho não diminui necessariamente com o passar do tempo; atualmente acontece na verdade o contrário, pois a extração do carvão e do petróleo se torna incessantemente e automaticamente menos frutífera e mais cara. Além disso, as jazidas hoje conhecidas estão destinadas a se exaurir em um tempo relativamente breve. É possível encontrar novas jazidas; mas a busca, a instalação de novas unidades de exploração, algumas certamente destinadas ao fracasso, tudo isso será custoso; ademais, não sabemos quantas jazidas desconhecidas existem no geral, e em todo caso não serão ilimitadas. Também é possível que se encontrem novas fontes de energia, um dia isso será na verdade indispensável; mas nada garante que sua utilização exigirá menos trabalho do que a utilização do carvão ou dos óleos pesados; o contrário, é igualmente possível. A rigor, pode até acontecer que a utilização de uma fonte de energia natural exija trabalho superior aos esforços humanos que se pretendem substituir. Nesse domínio é o acaso que decide; pois a descoberta de uma fonte de energia nova e facilmente acessível ou de um procedimento econômico de transformação a partir de uma fonte de energia conhecida não é dessas coisas às quais estamos certos de chegar desde que se reflita com método e que se tome o tempo necessário. A esse propósito enganamo-nos, porque temos o costume de pensar o desenvolvimento da ciência a partir do exterior e em bloco; não percebemos que, se alguns resultados científicos dependem unicamente do bom uso que o pesquisador faz de sua razão, outros são resultado de felizes casualidades. É o caso da utilização das forças da natureza. Por certo, toda fonte de energia é sem dúvida transformável; mas o pesquisador tem tanta certeza de encontrar no curso de suas pesquisas algo economicamente vantajoso quanto o explorador tem convicção de chegar a um terreno fértil. Um exemplo instrutivo a esse respeito pode ser encontrado nas famosas experiências sobre a energia térmica dos mares, em torno das quais se fez tanto alarde em vão. Ora, a partir do momento que o acaso entra em jogo, a noção de progresso contínuo não mais se aplica. Assim, esperar que o desenvolvimento da ciência leve, um dia, graças a certo automatismo, ao descobrimento de uma fonte de energia que será utilizada de maneira quase imediata para todas as necessidades humanas equivale a sonhar. Não se pode demonstrar que isso seja impossível; e é verdade que é possível que um belo dia alguma repentina transformação de ordem astronômica conceda a vastas extensões do globo terrestre aquele clima encantador que permite, dizem, que certos povos primitivos vivam sem trabalho; mas possibilidades desse tipo nunca devem ser consideradas. Em geral, não seria razoável pretender determinar desde já o que o futuro reserva ao gênero humano nesse âmbito.

Além disso, existe apenas um outro recurso capaz de diminuir a soma do esforço humano, a saber: aquilo que com uma expressão moderna podemos chamar de racionalização do trabalho. É possível distinguir dois aspectos, um que diz respeito à relação entre os esforços simultâneos, e outro, à relação entre os esforços sucessivos; em ambos os casos, o progresso consiste em aumentar o rendimento dos esforços graças à maneira de combiná-los. É claro que nesse âmbito pode-se, a rigor, fazer abstração do acaso, e que a noção de progresso tem aqui um sentido; a questão é saber se esse progresso é ilimitado, e, caso contrário, se estamos ainda longe do limite. No que concerne àquilo que se pode chamar de racionalização do trabalho no espaço, os fatores econômicos são a concentração, a divisão e a coordenação dos trabalhos. A concentração do trabalho implica a diminuição de todas aquelas despesas que podemos agrupar sob o nome de gastos gerais, entre as quais as despesas relativas ao local, aos transportes, por vezes ao material. A divisão do trabalho, por sua vez, tem efeitos muito mais espantosos. Em alguns casos, permite obter uma rapidez considerável na execução de obras que trabalhadores individualmente poderiam realizar tão bem quanto, porém de modo muito mais lento, e isso porque cada um deveria fazer por conta própria o esforço de coordenação que a organização do trabalho permite que um único homem assuma por conta de muitos outros; a célebre análise de Adam Smith sobre a fabricação de alfinetes dá um exemplo disso. Em outros casos, e é aquilo que mais importa, a divisão e a coordenação dos esforços tornam possíveis obras colossais que ultrapassariam infinitamente as possibilidades de um homem só. Deve-se levar em conta também a economia nos transportes de energia e de matéria-prima que a especialização por regiões permite, e com certeza muitas outras economias que seria demasiado extenso pesquisar. Em todo caso, basta olhar para o atual regime de produção: é nítido que esses fatores de economia comportam um limite para além do qual eles se tornam fatores de gastos, e também é evidente que esse limite foi atingido e superado. Há vários anos o crescimento das empresas é acompanhado não de uma diminuição, mas de um aumento dos custos gerais; o funcionamento da empresa, tornado complexo demais para permitir um controle eficaz, deixa uma margem cada vez maior para o desperdício e suscita uma dilatação acelerada e, sem dúvida, de certo modo, parasitária do pessoal responsável pela coordenação das diversas partes da empresa. A extensão das trocas, que outrora teve um papel formidável como fator de progresso econômico, passa ela também a causar mais despesas do que as que evita, pois as mercadorias permanecem por muito tempo improdutivas, o pessoal responsável pelas trocas também cresce em um ritmo acelerado e os transportes consomem cada vez mais energia em virtude das inovações destinadas a aumentar a velocidade, inovações necessariamente sempre mais dispendiosas e cada vez menos eficazes à medida que se sucedem. Assim, sob todos esses aspectos, o progresso hoje se transforma, no sentido matemático do termo, em regressão.

O progresso, devido à coordenação dos esforços no tempo, é sem dúvida o fator mais importante do progresso técnico; é também o mais difícil de analisar. Desde Marx, costuma-se designá-lo partindo da substituição do trabalho morto pelo trabalho vivo, fórmula perigosamente imprecisa, pois evoca a imagem de uma evolução contínua em direção a uma etapa da técnica na qual, se assim podemos falar, todos os trabalhos por fazer já estariam concluídos.. Essa imagem é tão quimérica como a de uma fonte natural de energia que seria tão imediatamente acessível ao homem quanto sua própria força vital. A substituição que apontamos aqui coloca apenas, no lugar dos movimentos que permitiriam obter diretamente certos resultados, outros movimentos que produzem esse resultado indiretamente graças à disposição atribuída às coisas inertes; trata-se sempre de atribuir à matéria o que parecia ser o papel do esforço humano, mas, em vez de utilizar a energia que certos fenômenos naturais fornecem, utilizam-se a resistência, a solidez, a dureza de certos materiais. Tanto em um caso como no outro, as propriedades da matéria cega e indiferente só podem ser adaptadas aos fins humanos pelo trabalho humano; e nos dois casos a razão proíbe admitir de antemão que esse trabalho de adaptação tenha necessariamente de ser inferior ao esforço que os homens deveriam fazer para atingir em cheio o objetivo a que se propõem. Enquanto a utilização das fontes de energia depende em grande parte de encontros imprevisíveis, a utilização de materiais inertes e resistentes deu-se, no geral, dentro de uma progressão contínua que se pode abarcar e prolongar com o pensamento, desde que se consiga perceber o princípio. A primeira etapa, velha como a humanidade, consiste em confiar a objetos situados em lugares convenientes todos os esforços de resistência com o propósito de impedir certos movimentos da parte de certas coisas. A segunda etapa define o maquinismo propriamente dito; o maquinismo tornou-se possível no dia em que se percebeu que se podia não só utilizar a matéria inerte para garantir a imobilidade onde fosse preciso, mas ainda encarregá-la de conservar as relações permanentes dos movimentos entre si, relações que até então sempre tinham de ser estabelecidas pelo pensamento. Para esse fim é necessário e suficiente que tenha sido possível inscrever essas relações, transpondo-as, nas formas impressas na matéria sólida. Assim, um dos primeiros progressos que abriram caminho para o maquinismo consistiu em dispensar o tecelão da tarefa de adaptar a escolha dos fios que devia puxar sobre seu tear seguindo o desenho do tecido, e isso graças a um cartão furado cujos orifícios correspondiam ao desenho. Foi possível obter transposições dessa ordem nas diversas espécies de trabalho, pouco a pouco, graças a invenções aparentemente oriundas da inspiração ou do acaso, porque o trabalho manual combina os elementos permanentes que ele contém de modo que os dissimula na maioria das vezes sob uma aparência de variedade; por isso o trabalho parcial das manufaturas teve de preceder à grande indústria. Finalmente, a terceira e última etapa corresponde à técnica automática, que está apenas começando a despontar; seu princípio consiste na possibilidade de confiar à máquina não apenas uma operação sempre idêntica a si mesma, mas também um conjunto de operações variadas. Esse conjunto pode ser tão vasto, tão complexo quanto se deseja; basta apenas que se trate de uma variedade definida e previamente limitada. A técnica automática que está ainda em um estado, digamos, primitivo, pode, portanto, em tese, desenvolver-se indefinidamente; e a utilização dessa técnica para satisfazer às necessidades humanas não implica outros limites além dos impostos pela parcela de imprevisto nas condições da existência humana. Se fosse possível conceber condições de vida que não comportassem absolutamente qualquer imprevisto, o mito americano do robô teria um sentido, e a supressão completa do trabalho humano mediante um arranjo sistemático do mundo seria plausível. Isso não ocorre, não passa de ficção; ficção que, porém, seria útil elaborar, a título de limite ideal, se os homens tivessem pelo menos o poder de reduzir progressivamente, por qualquer método, essa parte do imprevisto que interfere em suas vidas. Mas também não é o caso, e nenhuma técnica será capaz de dispensar os homens de renovar e de adaptar continuamente, com seu próprio suor, os instrumentos de que se servem.

Nessas condições, é fácil perceber como certo grau de automatismo pode ser mais custoso em esforços humanos do que um grau menos elevado. Pelo menos é fácil entendê-lo em abstrato; nessa matéria é quase impossível chegar a uma apreciação concreta, devido ao grande número de fatores que seria preciso levar em consideração. A extração dos metais de que são feitas as máquinas só pode ser executada com trabalho humano; e, como se trata de minas, o trabalho se torna cada vez mais penoso à medida que se desenrola, sem contar que as jazidas conhecidas correm o risco de se esgotar de maneira relativamente rápida; os homens se reproduzem, o ferro não. Tampouco se deve esquecer — ainda que os balanços financeiros, as estatísticas, as obras dos economistas recusem considerá-lo — que o trabalho das minas é mais doloroso, mais exaustivo, mais perigoso do que a maioria dos outros trabalhos; o ferro, o carvão, o potássio, todos esses produtos estão manchados de sangue. Além disso, as máquinas automáticas só são vantajosas quando usadas para produzir em série e em quantidades maciças; seu funcionamento está, portanto, ligado à desordem e ao desperdício que uma excessiva centralização econômica implica; por outro lado, criam a tentação de produzir muito mais do que o necessário para satisfazer às necessidades reais, o que leva ao consumo desvantajoso de reservas de força humana e matérias-primas. Tampouco se devem negligenciar os gastos que todo progresso técnico acarreta, devido às pesquisas preliminares, à necessidade de adaptar a esse progresso outros ramos da produção, do abandono do material antigo que muitas vezes é jogado fora quando ainda poderia servir por muito tempo. Nada disso pode ser avaliado, nem mesmo aproximadamente. Só fica claro, no geral, que, quanto mais o nível da técnica é elevado, mais as vantagens trazidas pelos novos progressos diminuem em relação aos inconvenientes. Todavia não temos nenhuma maneira de perceber com clareza se estamos perto ou longe do limite a partir do qual o progresso técnico deve transformar-se em fator de regressão econômica. Podemos apenas tentar supô-lo empiricamente, pelo modo com a economia atual evolui.

Ora, o que constatamos é que, de alguns anos para cá, em quase todas as indústrias, as empresas recusam sistematicamente as inovações técnicas. A imprensa socialista e comunista extrai desse fato eloquentes declarações contra o capitalismo, porém se exime de explicar por qual milagre inovações hoje dispendiosas se tornariam economicamente vantajosas em um regime socialista ou pretenso. É mais razoável supor que nesse âmbito não estamos longe do limite do progresso útil; e ainda, dado que a complicação das relações econômicas atuais e a formidável extensão do crédito impedem os patrões de perceber com rapidez que um fator outrora vantajoso deixou de sê-lo, pode-se concluir, com todas as reservas necessárias tratando-se de um problema tão confuso, que esse limite já foi ultrapassado.

Um estudo sério da questão deveria, na verdade, levar em consideração muitos outros elementos. Os diversos fatores que contribuem para aumentar o rendimento do trabalho não se desenvolveram separadamente, embora seja preciso isolá-los na análise; eles se combinam, e essas combinações produzem resultados difíceis de serem previstos. Além disso, o progresso técnico não serve apenas para obter com pouco gasto aquilo que antes se conseguia com muito esforço; também torna possível obras que sem ele teriam sido quase inimagináveis. Seria importante examinar o valor dessas novas possibilidades, levando em consideração o fato de que elas não são apenas possibilidades de construção, mas também de destruição. Um estudo como esse deveria obrigatoriamente levar em consideração as relações econômicas e sociais ligadas a uma determinada forma da técnica. No momento, é suficiente ter compreendido que a possibilidade de progressos posteriores no que diz respeito ao rendimento do trabalho não está fora de discussão; que, supõe-se, atualmente existem razões para esperar tanto uma redução quanto um aumento; e que, e isto é a coisa mais importante, um aumento contínuo e ilimitado desse rendimento é, propriamente falando, inconcebível. Apenas a embriaguez produzida pela rapidez do progresso técnico pode dar vida à ideia insana de que o trabalho poderia tornar-se um dia supérfluo. No plano da ciência pura, essa ideia se traduziu pela procura da «máquina de movimento perpétuo», isto é, a máquina que produziria indefinidamente trabalho sem nunca consumir; e os especialistas reagiram prontamente com justiça formulando a lei da conservação da energia. No âmbito social, as divagações são mais bem acolhidas. «A etapa superior do comunismo», considerada por Marx o último termo da evolução social é, em suma, uma utopia absolutamente análoga àquela do movimento perpétuo. E é em nome dessa utopia que os revolucionários derramaram seu sangue. Mais precisamente, eles derramaram seu sangue em nome dessa utopia ou da crença também utópica de que o sistema de produção atual poderia ser posto, por simples decreto, a serviço de uma sociedade de homens livres e iguais. Como se espantar com o fato de que todo esse sangue tenha corrido em vão? A história do movimento operário se ilumina assim de uma luz cruel, mas particularmente viva. Pode-se resumi-la observando que a classe operária jamais deu demonstração de força senão quando serviu a causas diferentes da revolução operária. O movimento operário pôde dar a ilusão da potência enquanto tratou de contribuir para liquidar os vestígios de feudalismo, e estabelecer e ordenar a dominação capitalista, seja sob a forma do capitalismo privado, seja sob a forma do capitalismo de Estado, como foi o caso da Rússia; agora que seu papel cessou nesse terreno, e que a crise põe diante de si o problema da tomada efetiva do poder pelas massas trabalhadoras, ele se esfarela e se dissolve com uma rapidez que abate a coragem daqueles que nele tinham depositado sua fé. Sobre suas ruínas, prolongam-se controvérsias intermináveis, que podem ser apaziguadas somente pelas fórmulas mais ambíguas; pois, entre todos os homens que ainda se obstinam em falar de revolução, talvez não haja dois que atribuam a essa palavra o mesmo conteúdo. E não é de espantar. «Revolução» é uma palavra pela qual se mata, pela qual se morre, pela qual se enviam as massas populares à morte, mas que não tem nenhum conteúdo.

Todavia talvez se possa dar um sentido ao ideal revolucionário, se não como perspectiva possível, ao menos como limite teórico das transformações sociais realizáveis. O que pediríamos à revolução é a abolição da opressão social; mas, para que essa noção tenha ao menos alguma possibilidade de expressar um significado qualquer, é preciso cuidado em distinguir entre opressão e subordinação dos caprichos individuais a uma ordem social. Enquanto houver uma sociedade, ela encerrará a vida dos indivíduos em limites muito estreitos, impondo-lhes suas regras; mas esse jugo inevitável não deve ser chamado de opressão, a não ser na medida em que, ao provocar uma separação entre os que a exercem e os que a suportam, põe os segundos ao sabor dos primeiros, com isso fazendo pesar, até o esmagamento físico e moral, a pressão dos que comandam sobre os que executam. Mesmo depois dessa distinção, nada permite, de início, supor que o cerceamento da opressão seja possível ou mesmo concebível a título de limite. Marx demonstrou com veemência, em análises cujo alcance ele próprio ignorou, que o regime atual de produção, isto é, a grande indústria, reduz o operário a não mais do que uma engrenagem da fábrica, a um simples instrumento nas mãos daqueles que o dirigem; é vão esperar que o progresso técnico possa, com uma diminuição progressiva e contínua do esforço de produção, aliviar até fazer quase desaparecer o duplo peso da natureza e da sociedade sobre o homem. O problema é, portanto, bem claro; trata-se de saber se é possível conceber uma organização da produção que, embora incapaz de eliminar as necessidades naturais e a pressão social daí resultante, permita, pelo menos, que ela se exerça oprimir até reduzir a pó os espíritos e os corpos. Em uma época como a nossa, ter entendido claramente esse problema talvez seja uma condição para poder viver em paz consigo mesmo. Se chegarmos a conceber concretamente as condições dessa organização libertadora, resta somente a não ser, para se dirigir a ela, exercer todo o poder de ação, grande ou pequeno, de que dispomos; e, se compreendermos claramente que a possibilidade de tal modo de produção não é nem mesmo concebível, teremos ao menos a vantagem de podermos legitimamente nos resignar à opressão, e deixar de nos acreditarmos seus cúmplices porque não fazemos nada de eficaz para impedi-la.

Análise da opressão

Trata-se, em suma, de conhecer o que relaciona a opressão em geral, e cada forma de opressão em particular, ao regime da produção; em outras palavras, trata-se de conseguir apreender o mecanismo da opressão, compreender em virtude do que ela surge, subsiste e se transforma, e como poderia quem sabe teoricamente desaparecer. Essa é uma nova questão, ou quase isso. Durante séculos, almas generosas consideraram o poder dos opressores uma pura e simples usurpação, à qual era preciso tentar se opor, ou pela simples expressão de uma reprovação radical, ou pela força armada a serviço da justiça. Em ambos os casos, o fracasso sempre foi completo; e nunca mais significativo do que quando, por um momento, ele tomava a aparência da vitória, como foi o caso da Revolução Francesa, quando se assistiu, impotente, à imediata instalação de uma nova opressão, depois de ter efetivamente conseguido fazer desaparecer certa forma de dela.

A reflexão sobre esse fracasso clamoroso, que veio a coroar todos os outros, enfim levou Marx a compreender que não é possível suprimir a opressão enquanto subsistirem as causas que a tornam inevitável, e que essas causas estão nas condições objetivas, isto é, materiais, da organização social. Ele elaborou assim uma concepção da opressão totalmente nova, não mais como usurpação de um privilégio, mas como órgão de uma função social. Trata-se daquele conceito que consiste no desenvolvimento das forças produtivas, uma vez que esse desenvolvimento exige duros esforços e penosas privações; e, entre esse desenvolvimento e a opressão social, Marx e Engels perceberam relações recíprocas. Em primeiro lugar, segundo eles, a opressão só se dá quando os progressos da produção provocam uma divisão do trabalho avançada o bastante para que a troca, o comando militar e o governo constituam funções distintas. Por outro lado, a opressão, uma vez estabelecida, provoca o posterior desenvolvimento das forças produtivas e muda de forma à medida que esse desenvolvimento o exige, até o dia em que, tornando-se para ele um empecilho e não uma ajuda, ela desaparece pura e simplesmente. Por mais brilhantes que sejam as análises concretas pelas quais os marxistas ilustraram esse esquema, e embora seja um progresso em relação às indignações ingênuas que substituiu, não se pode dizer que ele ilumine o mecanismo da opressão. Descreve apenas parcialmente seu nascimento; de fato, por que a divisão do trabalho se transformaria de modo obrigatório em opressão? Ela não permite de forma alguma atingir necessariamente seu fim; pois, se Marx acreditou mostrar como o regime capitalista acaba por se interpor à produção, não tentou nem mesmo provar que, em nossos dias, qualquer outro regime opressivo se lhe interporia do mesmo modo; e mais: ignora-se por que a opressão não poderia conseguir preservar-se, mesmo tendo se tornado um fator de regressão econômica. Sobretudo, Marx deixa de explicar por que a opressão é invencível enquanto é útil, por que os oprimidos em revolta nunca conseguiram fundar uma sociedade não opressiva, seja com base nas forças produtivas de sua época, seja ainda ao preço de uma regressão econômica que dificilmente poderia aumentar sua miséria; e, por fim, ele deixa completamente na sombra os princípios gerais do mecanismo pelo qual determinada forma de opressão é substituída por outra.

Mais ainda: não só os marxistas não resolveram nenhum desses problemas, mas nem sequer acreditaram que deviam formulá-los. Pareceu-lhes ter já explicado o bastante a opressão social estabelecendo que ela corresponde a uma função na luta contra a natureza. De todo modo, eles colocaram em evidência essa correspondência apenas para o regime capitalista; mas, em todo caso, supor que tal correspondência constitua uma explicação do fenômeno significa aplicar inconscientemente aos organismos sociais o famoso princípio de Lamarck, tão ininteligível quanto cômodo: «a função cria o órgão». A biologia começou a ser uma ciência no dia em que Darwin substituiu esse princípio pela noção das condições de existência. O progresso consiste em que a função já não é considerada como causa, mas como efeito do órgão, única ordem inteligível; o papel de causa fica a partir de então atribuído a um mecanismo cego, o da hereditariedade combinado com as variações acidentais. Por si mesmo, na verdade, esse mecanismo cego não pode senão produzir ao acaso qualquer coisa; a adaptação do órgão à função entra aqui em jogo para limitar o acaso eliminando as estruturas não viáveis, não mais a título de tendência misteriosa, mas a título de condição de existência; e essa condição se define pela relação do organismo considerado com o ambiente em parte inerte e em parte vivo que o rodeia, e, particularmente, com os organismos semelhantes que competem com ele. A adaptação é assim concebida, no que diz respeito aos seres vivos, como uma necessidade externa e já não interna. É claro que esse método luminoso não é válido apenas em biologia, mas sempre que se esteja em presença de estruturas organizadas que não foram organizadas por ninguém. Para poder reivindicar um status científico em matéria social, seria necessário ter realizado em relação ao marxismo um progresso análogo ao que Darwin realizou em relação a Lamarck. As causas da evolução social deveriam ser buscadas unicamente nos esforços cotidianos dos homens considerados como indivíduos. Esses esforços não se dirigem, é claro, a qualquer parte; eles dependem, para cada um, do temperamento, da educação, das rotinas, dos costumes, dos preconceitos, das necessidades naturais ou adquiridas, do meio, e, sobretudo, de maneira geral, da natureza humana, termo este não desprovido de sentido, ainda que seja difícil de definir. Mas, dada a diversidade quase indefinida dos indivíduos; dado, sobretudo, que a natureza humana comporta, entre outras coisas, o poder de inovar, de criar, de se ultrapassar, esse tecido de esforços incoerentes produziria todo tipo de coisa em uma organização social, se o acaso não fosse limitado nesse âmbito pelas condições de existência às quais toda sociedade deve se conformar sob pena de ser subjugada ou aniquilada. Essas condições de existência são na maioria das vezes ignoradas pelos homens a elas submetidos; elas não agem impondo aos esforços de cada um uma direção determinada, mas condenando à ineficácia todos os esforços dirigidos a vias que elas interditam.

Essas condições de existência são determinadas, em primeiro lugar, como no caso dos seres vivos, de um lado pelo ambiente natural, de outro pela existência, pela atividade, e, particularmente, pela concorrência dos outros organismos da mesma espécie, isto é, pela ocorrência dos outros agrupamentos sociais. Mas também um terceiro fator ainda entra em jogo: o controle do ambiente natural, os instrumentos, o armamento, os procedimentos de trabalho e de combate; fator este que ocupa um lugar à parte porque, se ele interfere na forma da organização social, sofre também sua reação. Ademais, talvez esse fator seja o único sobre o qual os membros de uma sociedade poderiam ter algum domínio. Essa visão é muito abstrata para que possa servir de guia; mas, se a partir dessa visão sumária pudéssemos chegar a análises concretas, seria enfim possível pensar na questão social. A boa vontade iluminada dos homens que agem como indivíduos é o único princípio possível do progresso social; se as necessidades sociais, uma vez claramente percebidas, se revelassem fora do alcance dessa boa vontade, como as que regem os astros, cada um deveria se limitar a contemplar o desenrolar da história como se contempla a passagem das estações, fazendo o possível para evitar a si mesmo e aos seres amados a infelicidade de ser ou um instrumento ou uma vítima da opressão social. Mas, se as coisas não estão assim, seria preciso inicialmente definir, a título de limite ideal, as condições objetivas que permitiram uma organização social totalmente isenta de opressão; depois, procurar por que meios e em que medida é possível transformar as condições efetivamente dadas, de maneira a aproximá-las desse ideal; encontrar qual é a forma menos opressiva de organização social para um conjunto de condições objetivas determinadas; enfim, definir nesse âmbito o poder de ação e as responsabilidades dos indivíduos considerados como tais. Somente com essa condição a ação política poderia se tornar algo análogo a um trabalho, em vez de ser, como tem sido até agora, ora um jogo, ora um ramo da magia.

    Infelizmente, para chegar aí, não bastam apenas reflexões aprofundadas, rigorosas, submetidas a controle a fim de evitar todo erro diante do exame mais rigoroso; são necessários também estudos históricos, técnicos e científicos, de amplitude e precisão inauditas, e conduzidos de uma perspectiva completamente nova. Todavia os eventos não esperam; o tempo não vai se deter para nos dar conforto; a atualidade se impõe a nós de maneira urgente e nos ameaça com catástrofes que provocariam, entre muitas outras desgraças terríveis, a impossibilidade material de estudar e de escrever a não ser a serviço dos opressores. O que fazer? De nada adiantaria deixar-se arrastar na confusão por um impulso irrefletido. Ninguém tem a menor ideia nem dos fins nem dos meios do que ainda se chama, por hábito, de ação revolucionária. Quanto ao reformismo, o princípio do mal menor que constitui seu fundamento é, claro, totalmente razoável, ainda que esteja desacreditado pelos erros daqueles que dele lançaram mão até agora; no entanto, se até o momento serviu apenas de pretexto para capitular, não foi devido à covardia de alguns patrões, mas por uma ignorância infelizmente comum a todos; pois, enquanto não se definiu o pior e o melhor em função de um ideal claro e concretamente concebido, e enquanto não se determinou a margem exata das possibilidades, não se sabe qual é o mal menor, e por isso fica-se obrigado a aceitar sob esse nome tudo aquilo que impõem de fato aqueles que detêm a força, pois qualquer mal real é sempre menor do que os males possíveis que podem surgir de uma ação não calculada. Em geral, cegos que somos atualmente, não temos escolha senão entre a capitulação e a aventura. E, todavia, não nos podemos eximir de determinar desde já a atitude a tomar em relação à situação presente. Por isso, na espera de ter desmontado, se isso for possível, o mecanismo social, talvez seja permitido tentar esboçar os princípios; desde que fique bem entendido que tal esboço exclui toda espécie de afirmação categórica e visa unicamente submeter algumas ideias, a título de hipóteses, ao exame crítico das pessoas de boa-fé. Ademais, nessa matéria, sem dúvida não carecemos de guia. Se o sistema de Marx, em suas linhas gerais, é de pouca ajuda, não se pode dizer o mesmo das análises às quais ele foi levado pelo estudo concreto do capitalismo, análises em que, mesmo pensando em limitar-se a caracterizar um regime, ele sem dúvida mais de uma vez captou a natureza oculta da própria opressão.

Entre todas as formas de organização social que a história nos apresenta, muito raras são as que aparecem realmente isentas de opressão; e, ainda assim, são pouco conhecidas. Todas correspondem a um nível extremamente baixo da produção, tão baixo que nelas a divisão do trabalho é praticamente desconhecida, a não ser entre os sexos, e cada família só produz o que precisa para consumo próprio. Aliás, é muito evidente que tal condição material exclui necessariamente a opressão, pois cada homem, obrigado a se ocupar de sua subsistência, sempre está enfrentando a natureza exterior. A própria guerra, nesse estágio, é guerra de pilhagem e de extermínio, não de conquista, porque faltam os meios para tornar estável a conquista, e sobretudo para tirar proveito dela. O que surpreende não é que a opressão só apareça a partir das formas mais elevadas da economia, é que ela as acompanhe sempre. Por isso, entre uma economia inteiramente primitiva e as formas econômicas mais desenvolvidas não há apenas diferença de grau, mas também de natureza. Com efeito, se do ponto de vista do consumo só existe a ligeira ascensão de bem-estar, a produção, que é o fator decisivo, se transforma em sua própria essência. Essa transformação, à primeira vista, consiste em uma libertação progressiva em relação à natureza. Nas formas totalmente primitivas da produção, caça, pesca, colheita, o esforço humano aparece como uma simples reação à pressão inexorável que a natureza exerce incessantemente sobre o homem, e isso de duas maneiras. Em primeiro lugar, ele se realiza quase sob a pressão imediata, sob o aguilhão continuamente sentido das necessidades naturais; e, por uma consequência indireta, a ação parece receber sua forma da própria natureza, por causa do papel importante que têm nisso uma intuição análoga ao instinto animal e uma paciente observação dos fenômenos naturais mais frequentes, por causa também da repetição indefinida dos procedimentos que muitas vezes deram certo sem que se saiba por quê, e que são sem dúvida considerados acolhidos pela natureza com um favor particular. Nesse estágio, cada homem é necessariamente livre em relação aos outros homens, porque está em contato imediato com as condições da própria existência, e porque nada de humano se interpõe entre elas e ele; mas por outro lado, e na mesma medida, ele está estreitamente submetido ao domínio da natureza, e o torna evidente divinizando-a. Nas etapas superiores da produção, a pressão da natureza continua certamente a exercer-se, e sempre de forma impiedosa, mas de maneira aparentemente menos imediata; parece tornar-se cada vez mais ampla e deixar uma margem crescente à livre escolha do homem e à sua faculdade de iniciativa e de decisão. A ação não mais perpassa, de minuto a minuto, as exigências da natureza: aprende-se a constituir reservas, de longo prazo, para necessidades ainda não experimentadas; os esforços que são suscetíveis apenas de uma utilidade indireta se tornam cada vez mais numerosos; ao mesmo tempo, uma coordenação sistemática no tempo e no espaço se torna possível e necessária, e sua importância cresce continuamente. Em resumo, o homem parece passar por etapas, em relação à natureza, que vão da escravidão ao domínio. Ao mesmo tempo, a natureza perde gradativamente seu caráter divino, e a divindade reveste cada vez mais a forma humana. Infelizmente, essa emancipação é apenas uma fachada enganadora. Na verdade, nessas etapas superiores, a ação humana continua, em seu conjunto, a não passar de pura obediência ao aguilhão brutal de uma necessidade imediata; só que, em vez de ser atormentado pela natureza, o homem é agora atormentado pelo homem. Ademais, é sempre a pressão da natureza que continua a se fazer sentir, ainda que indiretamente; pois a opressão se exerce mediante a força e, no fim das contas, toda força tem sua origem na natureza.

 A noção de força está longe de ser simples, e, todavia, é a primeira que deve ser esclarecida para que se possa tratar de questões sociais. A força e a opressão são duas coisas distintas; mas é preciso compreender, antes de mais nada, que não é a maneira como uma força qualquer é usada, mas sua própria natureza, que determina se ela é ou não é opressiva. Marx percebeu isso claramente no que diz respeito ao Estado; compreendeu que essa moenda humana não pode parar de moer enquanto estiver em exercício, esteja em que mãos estiver. Mas essa concepção tem um alcance muito mais geral. A opressão deriva exclusivamente de condições objetivas. A primeira delas é a existência de privilégios; mas não são as leis ou os decretos dos homens que determinam os privilégios, nem os títulos de propriedade; é a própria natureza das coisas. Algumas circunstâncias, que correspondem a etapas provavelmente inevitáveis do desenvolvimento humano, dão origem a forças que se interpõem entre o homem comum e suas condições de existência, entre o esforço e o fruto do esforço, e que são, por sua própria essência, o monopólio de alguns, pelo fato de não poderem ser repartidas entre todos; por conseguinte, esses privilegiados, embora dependam, para viver, do trabalho dos outros, têm em mãos o destino daqueles mesmos de quem dependem, e a igualdade morre. É o que ocorre inicialmente quando os ritos religiosos pelos quais o homem crê conciliar a natureza para si se tornam numerosos e complicados demais para serem conhecidos por todos, se tornam o segredo e consequentemente o monopólio de alguns sacerdotes; o sacerdote dispõe assim, embora seja apenas por uma ficção, de todos os poderes da natureza, e é em nome deles que comanda. Nada essencial mudou pelo fato de que esse monopólio já não se constitui por ritos, mas por procedimentos científicos, e de que aqueles que o detêm se chamam cientistas e técnicos, e não sacerdotes. As armas, também, criam um privilégio, no momento em que, por um lado, são bastante potentes para tornar impossível qualquer defesa de homens desarmados contra homens armados, e, por outro lado, seu manejo se tornou muito aperfeiçoado e, portanto, difícil o bastante para exigir um longo aprendizado e uma prática contínua. Pois, a partir de então, os trabalhadores são incapazes de se defender, enquanto os guerreiros estão incapacitados de produzir, mas podem sempre se apoderar pelas armas dos frutos do trabalho de outrem; assim, os trabalhadores estão à mercê dos guerreiros, e não vice-versa. O mesmo acontece com o ouro, e mais em geral com a moeda, a partir do momento em que a divisão do trabalho está tão avançada que nenhum trabalhador pode viver de seus produtos sem trocar pelo menos uma parte deles pelos produtos dos outros. A organização das trocas se torna, então, necessariamente o monopólio de alguns especialistas, e estes, tendo a moeda em mãos, podem ao mesmo tempo prover-se, para viver, dos frutos do trabalho de outrem e privar os produtores do indispensável. Enfim, por toda parte em que, na luta contra os homens ou contra a natureza, os esforços precisam se acrescentar e se coordenar entre si para serem eficazes, a coordenação se torna o monopólio de alguns dirigentes assim que atinge certo grau de complicação, e a primeira lei da execução é, então, a obediência; é o caso tanto da administração dos negócios públicos quanto das empresas. Pode haver outras fontes de privilégios, mas essas são as principais; além disso, com exceção da moeda, que aparece em dado momento da história, todos esses fatores agem em todos os regimes opressivos; o que muda é a maneira como eles se repartem e se combinam, é o grau de concentração do poder; é, também, o caráter mais ou menos fechado, mais ou menos misterioso, de cada monopólio. Todos os privilégios por si sós não bastam para determinar a opressão. A desigualdade poderia facilmente ser atenuada pela resistência dos fracos e pelo espírito de justiça dos fortes; ela não faria surgir uma necessidade ainda mais brutal, como são as próprias necessidades naturais, se não interviesse outro fator: a luta pelo poder.

Como Marx compreendeu claramente em relação ao capitalismo, e como alguns moralistas perceberam de forma mais geral, o poder encerra em si uma espécie de fatalidade que pesa com igual impiedade tanto sobre os que comandam quanto sobre os que obedecem. Mas não é tudo: é por escravizar os primeiros que ela, por intermédio deles, esmaga os segundos. A luta contra a natureza implica necessidades iniludíveis, que não cedem por nada, mas essas necessidades encerram em si os próprios limites; a natureza resiste, mas não se defende, e nos casos em que só ela está em jogo, cada situação coloca obstáculos bem definidos que dão ao esforço humano sua medida. Mas, quando as relações entre os homens são substituídas pelo contato direto do homem com a natureza, as coisas mudam radicalmente. Conservar o poder é, para os poderosos, uma necessidade vital, pois é seu poder que os alimenta; ora, eles têm de conservá-lo ao mesmo tempo contra seus rivais e contra seus inferiores, os quais não podem não tentar se livrar de senhores perigosos, visto que nos encontramos em um círculo sem saída, onde o senhor é temível pelo escravo pelo simples fato de temê-lo, e vice-versa; e o mesmo acontece entre potências rivais.

Além disso, as duas lutas que cada homem poderoso deve travar, uma contra aqueles sobre os quais reina e a outra contra seus rivais, se misturam inextricavelmente, e sem cessar uma reacende a outra. Um poder, seja qual for, deve sempre tender a afirmar-se no interior por meio de sucessos obtidos no exterior, pois esses sucessos lhe dão meios de coação mais poderosos; além disso, a luta contra os rivais agrega a seu séquito seus escravos, que têm a ilusão de estarem interessados no resultado da luta. Para obter da parte dos escravos a obediência e os sacrifícios indispensáveis a uma batalha vitoriosa, o poder deve, todavia, tornar-se mais opressivo; para ser capaz de exercer essa opressão, é ainda mais imperiosamente forçado a se voltar para o exterior; e assim por diante. Pode-se percorrer a mesma corrente partindo de outro elo; mostrar que um agrupamento social, para ser capaz de se defender contra as potências exteriores que desejariam anexá-lo, deve submeter-se a uma autoridade opressiva; que o poder assim estabelecido, para se manter no lugar, deve atiçar os conflitos com os poderes rivais; e assim por diante, mais uma vez. Portanto, o mais funesto dos círculos viciosos arrasta a sociedade inteira atrás de seus senhores em uma ronda insensata.

Só é possível romper esse círculo de duas maneiras: ou suprimindo a desigualdade ou instaurando um poder estável, um poder tal que haja equilíbrio entre aqueles que comandam e aqueles que obedecem. Essa segunda solução é a procurada por todos aqueles que são chamados partidários da ordem, ou pelo menos por aqueles dentre eles que não foram movidos nem pelo servilismo nem pela ambição; é sem dúvida o caso dos escritores latinos que louvaram «a imensa majestade da paz romana», de Dante, da escola reacionária do início do século XIX, de Balzac, e, hoje, dos homens de direita sinceros e reflexivos. Mas essa estabilidade do poder, objetivo daqueles que se dizem realistas, aparece como uma quimera, se é observada de perto, exatamente como a utopia anarquista.

Cada ação, feliz ou não, estabelece entre o homem e a matéria um equilíbrio que não pode ser rompido senão de fora; pois a matéria é inerte. Uma pedra deslocada aceita seu novo lugar; o vento aceita conduzir ao destino o mesmo barco que teria desviado da rota se a vela e o leme não estivessem bem dispostos. Mas os homens são seres essencialmente ativos e possuem a faculdade de se autodeterminar, da qual não podem jamais abdicar, ainda que desejassem, senão no dia em que, morrendo, recaem no estado de matéria inerte; de modo que toda vitória sobre os homens encerra em si o germe de uma possível derrota, a menos que seja exterminada. Mas o extermínio suprime o poder ao suprimir seu objeto. Assim, há na essência própria do poder uma contradição fundamental que, a bem dizer, o impede em todo caso de existir: aqueles que chamamos de senhores, continuamente obrigados a reforçar seu poder, sob pena de vê-lo usurpado, estão sempre em busca de um domínio que por essência é impossível de possuir, busca de que os suplícios infernais da mitologia grega oferecem belas imagens. Seria diferente se um homem pudesse possuir em si mesmo uma força superior à de muitos outros reunidos; mas isso nunca ocorre; os instrumentos do poder, armas, ouro, máquinas, segredos mágicos ou técnicos sempre existem fora daquele que dispõe deles, e outros podem tomá-los. Portanto, todo poder é instável.

Em geral, as relações de domínio e submissão entre seres humanos, por não serem nunca plenamente aceitáveis, constituem sempre um desequilíbrio sem solução e que se agrava perpetuamente; o mesmo acontece também no âmbito da vida privada, em que amor, por exemplo, destrói todo equilíbrio na alma a partir do instante em que tenta sujeitar a si o objeto ou se sujeitar a ele. Mas nesse caso, pelo menos, nada de externo se opõe a que a razão volte a pôr tudo em ordem, estabelecendo a liberdade e a igualdade; enquanto as relações sociais, na medida em que os próprios procedimentos do trabalho e da luta excluem a igualdade, parecem fazer a loucura pesar sobre os homens como uma fatalidade externa. Justamente pelo fato de já não haver poder, mas apenas a corrida ao poder, e dessa corrida ser sem término, sem limite, sem medida, não há nem mesmo limite e tampouco medida para os esforços que ela exige. Aqueles que se dedicam a isso, pressionados para fazerem sempre mais do que seus rivais, que, por sua vez, se esforçam para fazer mais do que eles, devem sacrificar não somente a existência dos escravos, mas a sua própria e a dos entes mais queridos; desse modo Agamenon, que imola sua filha, renasce nos capitalistas que, para conservarem seus privilégios, aceitam sem peso na consciência guerras capazes de lhes raptarem os filhos.

Assim, a corrida ao poder sujeita todos, os poderosos e os fracos. Marx viu bem isso no que diz respeito ao regime capitalista. Rosa Luxemburgo protestava contra a aparência de «carrossel no vazio» que o quadro marxista de acumulação capitalista nos apresenta, esse quadro no qual o consumo aparece como um «mal necessário» que deve ser reduzido ao mínimo, um simples meio para manter em vida aqueles que se consagram, patrões ou operários, à finalidade suprema, finalidade que não passa da fabricação de ferramentas, ou seja, dos meios de produção. E, todavia, é o profundo absurdo desse quadro que torna sua verdade profunda; verdade que transborda singularmente do quadro do regime capitalista. O único caráter próprio desse regime é que os instrumentos da produção industrial são, ao mesmo tempo, as principais armas da corrida ao poder; mas os procedimentos da corrida ao poder, sejam quais forem, submetem sempre os homens com a mesma vertigem e se impõem a eles como fins absolutos. É o reflexo dessa vertigem que dá uma grandeza épica a obras como a *Comédia humana*, ou as *Histórias*, de Shakespeare, ou as *Canções de gesta*, ou a *Ilíada*. O verdadeiro e próprio tema da *Ilíada* é o império da guerra sobre os guerreiros, e, por intermédio deles, sobre todos os humanos; ninguém sabe por que cada um se sacrifica, e sacrifica todos os seus, em uma guerra assassina e sem objeto, e é por isso que, ao longo de todo o poema, é aos deuses que se atribui a influência misteriosa que faz falirem as negociações de paz, reacende continuamente as hostilidades, traz de volta os combatentes que um lampejo de razão tinha levado a abandonar a luta.

Assim, nesse antigo e maravilhoso poema já aparece o mal essencial da humanidade, a substituição dos meios pelos fins. Ora aparece em primeiro plano a guerra, ora a busca da riqueza, ora a produção, mas o mal continua o mesmo. Os moralistas vulgares se queixam de que o homem é guiado por seu interesse pessoal; quem dera fosse isso! O interesse é um princípio de ação egoísta, mas delimitado, razoável, que não pode gerar males ilimitados. Ao contrário, a lei de todas as atividades que dominam a existência social, com exceção das sociedades primitivas, é que cada um sacrifique a vida humana, em si e nos outros, por coisas que não passam de meios de viver melhor. Esse sacrifício se reveste de diversas formas, mas tudo se resume à questão do poder. O poder, por definição, não passa de um meio; ou, mais exatamente, possuir um poder consiste apenas em possuir meios de ação que ultrapassam a força tão restrita de que um indivíduo dispõe sozinho. Mas a busca pelo poder, pelo fato de ser essencialmente impotente para atingir seu próprio objeto, exclui toda consideração de fim, e chega, por uma inversão inevitável, a tomar o lugar de todos os fins. É essa inversão da relação entre o meio e o fim, é essa loucura fundamental que explica tudo o que há de insensato e sangrento no curso da história. A história humana é apenas a história da escravização que faz dos homens, oprimidos e opressores, simples joguetes de instrumentos de dominação que eles mesmos fabricaram, e reduz a humanidade viva a coisas inertes.

Assim também, portanto, não são os homens, mas as coisas, que impõem os limites e as leis a essa corrida vertiginosa para o poder. Os desejos dos homens são impotentes para regulá-la. Os senhores podem até sonhar com a moderação, mas lhes é proibido praticar essa virtude, sob pena de derrota, a não ser em uma medida fraquíssima; e assim, com exceções quase miraculosas, como Marco Aurélio, eles se tornam também rapidamente incapazes até mesmo de imaginá-la. Quanto aos oprimidos, sua revolta permanente, que sempre ferve ainda que exploda só em certos momentos, pode agir tanto no sentido de agravar o mal quanto no sentido de restringi-lo; mas em seu conjunto ela constitui sobretudo um fator agravante, pois obriga os senhores a fazer pesar seu poder sempre mais gravemente por causa do medo de perdê-lo. De tempos em tempos, os oprimidos conseguem expulsar um grupo de opressores e substituí-lo por outro, e às vezes conseguem até mudar a forma da opressão; mas para suprimir a própria opressão seria preciso suprimir suas fontes, abolir todos os monopólios, os segredos mágicos ou técnicas que dão poder sobre a natureza, as armas, a moeda, a coordenação dos trabalhos. Os oprimidos, ainda que fossem bastante conscientes para tomar essa decisão, não poderiam em todo caso ter êxito. Isso significaria condenar-se a cair imediatamente sob a escravidão dos agrupamentos sociais que não operaram a mesma transformação; e, mesmo que esse perigo fosse afastado por milagre, significaria condenar-se à morte, pois, uma vez esquecidos os procedimentos da produção primitiva e transformado o meio natural a que eles correspondiam, não se pode reencontrar o contato imediato com a natureza. Assim, apesar de todas as veleidades de se acabar com a loucura e a opressão, a concentração do poder e o agravamento de seu caráter tirânico não teriam limites se estes felizmente não se encontrassem na natureza das coisas. É importante determinar quais podem ser esses limites; e para isso é preciso ter bem claro que, se a opressão é uma necessidade da vida social, essa necessidade não tem nada de providencial. Não é porque ela se torna nociva à produção que a opressão pode chegar ao fim; a «revolta das forças produtivas», tão ingenuamente invocada por Trótski como um fator da história, é pura ficção. Seria igualmente um engano supor que a opressão deixa de ser inelutável a partir do momento em que as forças produtivas estejam suficientemente desenvolvidas para garantir a todos o bem-estar e o ócio. Aristóteles admitia que não haveria mais nenhum obstáculo para a supressão da escravidão caso fosse possível fazer com que «escravos mecânicos» assumissem os trabalhos indispensáveis; e Marx, quando tentou antecipar o futuro da espécie humana, não fez mais do que retomar e desenvolver esse conceito. Isso seria justo se os homens fossem guiados pela consideração ao bem-estar; mas, desde a época da *Ilíada* até nossos dias, as exigências insensatas da luta pelo poder tiram até o tempo para pensar em bem-estar. A elevação do rendimento do esforço humano continuará incapaz de aliviar o peso desse esforço enquanto a estrutura social implicar a subversão da relação entre o meio e o fim. Em outras palavras, enquanto os processos do trabalho e da luta derem a alguns um poder discricionário sobre as

Simone Weil

massas; pois as fadigas e as privações já agora inúteis na luta contra a natureza serão absorvidas pela guerra provocada entre os homens para a defesa ou para a conquista dos privilégios. A partir do momento em que a sociedade está dividida em homens que ordenam e homens que executam, toda a vida social é comandada pela luta pelo poder, e a luta pela subsistência só intervém como um fator da primeira, ainda que indispensável. A concepção marxista segundo a qual a existência social é determinada pelas relações entre o homem e a natureza estabelecidas pela produção evidentemente continua sendo a única base sólida para todo estudo histórico; só que essas relações devem ser consideradas primeiro em função do problema do poder, enquanto os meios de subsistência constituem apenas um dado desse problema. Essa ordem parece absurda, mas apenas reflete o absurdo essencial que está no cerne da vida social. Um estudo científico da história seria, então, um estudo das ações e das reações produzidas continuamente entre a organização do poder e os processos da produtivos; pois, se o poder depende das condições materiais da vida, ele nunca cessa de transformar essas mesmas condições. Um estudo como esse atualmente ultrapassa, de longe, nossas possibilidades; mas, antes de abordarmos a complexidade infinita dos fatos, é bom elaborarmos um esquema abstrato desse jogo de ações e reações, assim como os astrônomos tiveram de inventar uma esfera celeste imaginária para se orientarem nos movimentos e nas posições dos astros.

Antes de mais nada, é preciso tentar elaborar uma lista das necessidades inelutáveis que delimitam toda espécie de poder. Em primeiro lugar, qualquer poder se sustenta com instrumentos que têm em cada situação um alcance determinado. Assim, não é a mesma coisa comandar por meio de soldados armados de flechas, lanças e espadas ou então por meio de aviões e bombas incendiárias; o poder do ouro depende do papel exercido pelas trocas na vida econômica; aquele dos segredos técnicos é medido pela diferença entre o que se pode realizar por meio deles e o que se pode realizar sem eles; e assim por diante. Na verdade, é sempre preciso pôr nesse balanço as astúcias com as quais os poderosos obtêm por persuasão aquilo que não têm condições de obter por coação, seja colocando os oprimidos em uma situação tal que eles tenham ou julguem ter um interesse imediato em fazer o que lhes é pedido, seja inspirando-lhes um fanatismo capaz de lhes fazer aceitar todos os sacrifícios. Em segundo lugar, dado que o poder que um ser humano exercita realmente se estende apenas àquilo que se encontra de fato submetido a seu controle, o poder se choca continuamente contra os próprios limites da faculdade de controle, limites muito estreitos. De fato, nenhum espírito pode abraçar de uma só vez uma massa de ideias; nenhum homem pode estar ao mesmo tempo em vários lugares; e, tanto para o senhor como para o escravo, o dia só tem 24 horas. A colaboração constitui, ao que parece, um remédio para esse inconveniente; mas, como ela não é nunca de todo desprovida de rivalidade, daí resultam complicações infinitas. As faculdades de examinar, comparar, pesar, decidir, combinar são essencialmente individuais, e por consequência o mesmo vale também para o poder, cujo exercício é inseparável dessas faculdades. O poder coletivo é uma ficção, ao menos em última análise. Quanto ao número de coisas que podem cair sob o controle de um único homem, isso depende em grande parte de fatores individuais, como a dimensão e a rapidez da inteligência, a capacidade de trabalho, a firmeza do caráter; mas depende igualmente das condições objetivas do controle, da rapidez maior ou menor dos transportes e das informações, da simplicidade ou complicação das engrenagens do poder. Enfim, o exercício de qualquer poder tem como condição um excedente na produção dos meios de subsistência, e um excedente significativo para que todos aqueles que se consagram à luta pelo poder, seja na qualidade de senhores ou de escravos, possam viver. É claro que a medida desse excedente depende do modo de produção, e por conseguinte também da organização social. Eis, assim, três fatores que permitem conceber o poder político e social como constituindo, a cada instante, algo análogo a uma força mensurável. Todavia, para completar o quadro, é preciso levar em consideração que os homens que se encontram em relação com o fenômeno do poder, seja na qualidade de senhores ou de escravos, são inconscientes dessa analogia. Os poderosos, sejam eles sacerdotes, chefes militares, reis ou capitalistas, sempre acreditam comandar em virtude de um direito divino; e aqueles que se submetem a eles sentem-se esmagados por um poder que lhes parece divino ou diabólico, mas, de qualquer maneira, sobrenatural. Toda sociedade opressiva está cimentada por essa religião do poder, que falseia todas as relações sociais, permitindo que os poderosos mandem além do que podem impor. Algo diferente ocorre apenas nos momentos de efervescência popular, momentos nos quais, ao contrário, todos, escravos em revolta e senhores ameaçados, esquecem quão pesadas e sólidas são as cadeias da opressão.

Portanto, um estudo científico da história deveria começar analisando as reações exercidas a cada instante pelo poder sobre as condições que lhe são fixadas objetivamente por seus próprios limites; e um esboço hipotético do movimento de suas reações é indispensável para guiar uma análise como essa, que seria de todo modo demasiado difícil, dadas as nossas possibilidades atuais. Algumas dessas reações são conscientes e desejadas. Todo poder se esforça conscientemente, dentro de suas possibilidades, determinadas pela organização social, para melhorar no próprio âmbito a produção e o controle; a história fornece inúmeros exemplos de tal esforço, desde os faraós até nossos dias, e é nisso que se baseia a noção de despotismo esclarecido. Em contrapartida, todo poder se esforça também, e sempre de maneira consciente, para destruir os meios de produção e de administração de seus rivais, e é, da parte destes, objeto de uma tentativa análoga. Assim, a luta pelo poder é ao mesmo tempo construtiva e destrutiva e determina ou um progresso ou uma decadência econômica, a depender do que prevaleça, a construção ou a destruição; e é claro que em determinada civilização a destruição se operará em uma medida tanto maior quanto mais difícil será para um poder estender-se sem se chocar com poderes rivais de força mais ou menos igual. Mas as consequências indiretas do exercício do poder são muito mais importantes do que os esforços conscientes dos poderosos. Todo poder, pelo próprio fato de se exercer, estende, até o extremo limite possível, as relações sociais sobre as quais se baseia; assim, o poder militar multiplica as guerras, o capital comercial multiplica as trocas. Ora, acontece por vezes, por uma espécie de acaso providencial, que essa extensão faça surgir, mediante um mecanismo qualquer, novas fontes que tornem possível uma nova extensão, e assim por diante, mais ou menos como o alimento reforça os corpos vivos em pleno crescimento e lhes permite dessa forma conquistar ainda mais nutrição, com o objetivo de adquirir forças maiores. Todos os regimes fornecem exemplos desses acasos providenciais; pois sem tais acasos nenhuma forma de poder conseguiria durar, e assim só subsistem os poderes que se beneficiam deles. Desse modo, a guerra permitia aos romanos roubar escravos, isto é, trabalhadores na flor da idade que outros tinham tido de alimentar na infância; o proveito tirado do trabalho escravo permitia reforçar o exército, e o exército mais forte empreendia guerras mais vastas que lhe davam um novo e mais considerável espólio de escravos. Da mesma forma, as estradas que os romanos construíam com fins militares facilitavam depois a administração e a exploração das províncias e contribuíam, portanto, para manter recursos para novas guerras. Se passarmos aos tempos modernos, vemos por exemplo que a extensão das trocas provocou uma divisão maior do trabalho, que, por sua vez, tornou indispensável uma maior circulação das mercadorias; além disso, o consequente aumento da produção forneceu novas fontes, que por sua vez se transformarão em capital comercial e industrial. Em relação à grande indústria, é claro que cada progresso importante do maquinismo criou ao mesmo tempo fontes, instrumentos e um estímulo para um novo progresso. Da mesma forma, foi a técnica da grande indústria que forneceu os meios de controle e informação indispensáveis à economia centralizada na qual a grande indústria fatalmente desemboca, como o telégrafo, o telefone, a imprensa diária. O mesmo pode-se dizer dos meios de transporte. Poder-se-ia encontrar no decorrer da história uma imensa quantidade de exemplos análogos apontando os aspectos da vida social, dos maiores aos menores. É possível definir o crescimento de um regime pelo fato de que basta a ele funcionar para suscitar novos recursos que lhe permitem funcionar em maior escala.

Esse fenômeno de desenvolvimento automático é tão singular que seria tentador imaginar que um regime felizmente constituído, se assim se pode dizer, subsistiria e progrediria sem fim. É exatamente isso que o século XIX, inclusive os socialistas, imaginou em relação ao regime da grande indústria. Mas, se é fácil imaginar de maneira vaga um regime opressivo que jamais conheça a decadência, já não ocorre o mesmo quando se pretende conceber clara e concretamente a extensão indefinida de um poder determinado. Se pudesse estender sem parar seus meios de controle, ele se aproximaria indefinidamente de um limite que seria como o equivalente da ubiquidade; se pudesse estender sem parar seus recursos, seria como se a natureza que o circunda evoluísse gradualmente em direção àquela generosidade sem reservas da qual se beneficiavam Adão e Eva no paraíso terrestre; e, enfim, se pudesse estender indefinidamente o alcance de seus próprios instrumentos — sejam armas, ouro, segredos técnicos, máquinas ou qualquer outra coisa —, tenderia a abolir essa correlação que, ligando indissoluvelmente a noção de senhor à de escravo, estabelece entre senhor e escravo uma relação de recíproca dependência. Não se pode provar que tudo isso seja impossível; mas é preciso admitir que é impossível, ou então decidir que se deve pensar a história humana como um conto de fadas. De forma geral, só se pode considerar o mundo em que vivemos submetido a leis quando se admite que todo fenômeno nele é limitado; e é também o caso do fenômeno do poder, como o havia compreendido Platão. Caso se queira considerar o poder como um fenômeno concebível, é preciso pensar que ele pode estender as bases sobre as quais se assenta só até certo ponto, depois do qual se choca com um muro intransponível. E, todavia, não lhe é possível parar; o aguilhão da rivalidade o obriga a ir mais longe, sempre mais longe, isto é, a ultrapassar os limites no interior dos quais ele pode efetivamente exercer-se. Estende-se além do que pode controlar; comanda além do que pode impor; gasta além de seus próprios recursos. Essa é a contradição interna que todo regime opressivo carrega em si como um germe de morte; contradição constituída pela oposição entre o caráter necessariamente limitado das bases materiais do poder e o caráter necessariamente ilimitado da corrida ao poder como relação entre os homens.

Pois, assim que um poder ultrapassa os limites que lhe são impostos pela natureza das coisas, ele estreita as bases sobre as quais se assenta e torna esses mesmos limites cada vez mais estreitos. Estendendo-se além do que pode controlar, gera parasitismo, desperdício, desordem, que, uma vez surgidos, crescem automaticamente. Tentando comandar mesmo nos casos em que não é capaz de exercer a coação, provoca reações que não pode nem prever nem regular. Enfim, querendo estender a exploração dos oprimidos além do que os recursos objetivos permitem, esgota esses mesmos recursos; é isso sem dúvida o que significa o conto antigo e popular da galinha dos ovos de ouro. Quaisquer que sejam as fontes das quais os exploradores extraem os bens de que se apropriam, chega um momento em que esse processo de exploração que era, no início, e à medida que se estendia, cada vez mais produtivo se torna em seguida, ao contrário, cada vez mais custoso. Assim, o exército romano, que no início enriquecera Roma, acabou por arruiná-la; assim, os cavaleiros da Idade Média, cujas lutas tinham dado no início uma relativa segurança aos camponeses que ficavam um pouco protegidos contra os bandoleiros, acabaram, no decorrer de suas contínuas guerras, devastando os campos que os alimentavam; e o capitalismo parece também atravessar uma fase desse gênero. Mais uma vez, não se pode provar que deva ser sempre assim; mas deve-se admitir, a menos que se suponha a possibilidade de recursos inesgotáveis. Assim, é a própria natureza das coisas a constituir aquela divindade justiceira que os gregos adoravam com o nome de Nêmesis e que castiga o excesso.

Quando determinada forma de dominação é contida em seu desenvolvimento e levada à decadência, é necessário que ela comece a desaparecer pouco a pouco; às vezes, ao contrário, é justo aí que se torna mais duramente opressiva, que esmaga os seres humanos sob seu peso, tritura sem piedade corpos, corações e espíritos. Só que, dado que todos começam pouco a pouco a ficar sem os recursos que seriam necessários a uns para vencer, a outros para viver, chega um momento em que, de todos os lados, se procuram febrilmente expedientes. Não há nenhuma razão para que uma procura como essa não resulte vã; e nesse caso o regime termina por colapsar, por falta de recursos para subsistir, e cede o lugar não a outro regime mais bem organizado, mas a uma desordem, a uma miséria, a uma vida primitiva que perduram até que uma causa qualquer faça surgir novas relações de força. Se não ocorrer assim, se a procura de novos recursos for frutífera, surgirão novas formas de vida social e uma mudança de regime será preparada de forma lenta e como que clandestina. Clandestinamente, porque essas novas formas não poderão se desenvolver se não forem compatíveis com a ordem estabelecida, e enquanto não apresentarem, pelo menos aparentemente, nenhum perigo para os poderes constituídos; do contrário, nada poderia impedir esses poderes de aniquilá-las, enquanto continuarem a ser os mais fortes. Para que as novas formas sociais prevaleçam sobre as antigas, é necessário antes de mais nada que esse desenvolvimento contínuo as tenha conduzido a realmente desempenhar um papel mais importante no funcionamento do organismo social; em outras palavras, é necessário que elas tenham suscitado forças superiores àquelas de que dispõem os poderes oficiais. Assim, nunca existe de fato uma verdadeira solução de continuidade, nem mesmo quando a transformação do regime parece o efeito de uma luta sangrenta; porque então a vitória se limita a consagrar as forças que, já antes da luta, constituíam o fator decisivo da vida coletiva, as formas sociais que tinham começado havia muito tempo a substituir progressivamente as que serviam de base para o regime em decadência. Assim, no Império Romano, os bárbaros haviam pouco a pouco ocupado os lugares mais importantes, o exército tinha sido dividido pouco a pouco em bandos sob a direção de aventureiros, e a instituição do colonato substituíra progressivamente os escravos pelos servos, tudo isso muito tempo antes das grandes invasões. Da mesma forma, a burguesia francesa não esperou, evidentemente, por 1789 para superar a nobreza. A Revolução Russa, é verdade, graças a um concurso singular de circunstâncias, pareceu fazer surgir algo inteiramente novo; mas a verdade é que os privilégios suprimidos por ela não tinham, já havia muito tempo, nenhuma base social fora da tradição; e que as instituições surgidas no decorrer da insurreição não estiveram em vigor nem durante uma manhã inteira; e que as forças reais, isto é, a grande indústria, a polícia, o exército, a burocracia, em vez de terem sido abatidas pela revolução, atingiram, graças a ela, um poder desconhecido em outros países. De forma geral, essa reviravolta súbita da relação entre as forças, que é o que comumente se entende por revolução, não é apenas um fenômeno desconhecido na história, mas é também, se observamos de perto, algo inconcebível propriamente falando, pois seria uma vitória da fraqueza sobre a força, o equivalente de uma balança cujo prato menos pesado se abaixasse. A história nos apresenta na verdade lentas transformações de regimes nos quais os acontecimentos sangrentos que batizamos com o nome de revoluções têm um papel muito secundário, e poderiam até estar ausentes; é o caso no qual a camada social que dominava em nome das antigas relações de força consegue conservar uma parte do poder, favorecida pelas novas relações, e a história da Inglaterra nos dá exemplo disso. Mas, sejam quais forem as formas que as transformações sociais assumem, caso se tente desnudar o mecanismo, não se percebe que um triste jogo de forças cegas se unem ou se chocam, avançam ou recuam, substituem umas às outras, sem nunca parar de triturar sob si os infelizes humanos. Essa sinistra engrenagem não apresenta à primeira vista nenhuma falha através da qual possa passar uma tentativa de libertação. Mas não é de um esboço tão vago, tão abstrato, tão miseravelmente sumário que se pode pretender extrair uma conclusão.

É preciso apontar uma vez mais o problema fundamental, isto é, em que consiste o laço que parece até agora unir a opressão social ao progresso nas relações do homem com a natureza. Se considerarmos grosso modo o conjunto do desenvolvimento humano até nossos dias, se sobretudo se contrapuserem as populações primitivas, organizadas quase sem desigualdade, à nossa civilização atual, parecerá que o homem não consegue aliviar o jugo das necessidades naturais sem agravar na mesma proporção o jugo da opressão social, como pelo jogo de um misterioso equilíbrio. E, coisa ainda mais singular, diríamos que, se a coletividade humana se libertou em larga medida do peso com que as forças desmedidas da natureza esmagam a fraca humanidade, em troca ela recebeu, de alguma forma, a sucessão da natureza a ponto de esmagar o indivíduo de maneira análoga.

O que torna o homem primitivo um escravo? O fato de que ele quase não dispõe de sua própria atividade; é um joguete da necessidade, que lhe dita quase todos os gestos e o espicaça com seu aguilhão impiedoso; e suas ações são regradas não pelo próprio pensamento, mas pelos costumes e caprichos igualmente incompreensíveis de uma natureza que ele só pode adorar com submissão cega. Se considerássemos apenas a coletividade, pareceria que os homens se elevaram em nossos dias a uma condição que está nos antípodas desse estado servil. Quase nenhum trabalho constitui uma simples resposta ao impulso imperioso da necessidade; cumpre-se um trabalho a fim de tomar posse da natureza e ordená-la para que as necessidades sejam atendidas. A humanidade não se crê mais em presença de divindades caprichosas cujo favor seja preciso conciliar; ela sabe que tem simplesmente de manejar a matéria inerte, e cumpre essa tarefa regulando-se metodicamente por leis claramente concebidas. Enfim, parece que chegamos àquela época prevista por Descartes, em que os homens usariam «a força e as ações do fogo, da água, do ar, dos astros e de todos os outros corpos» da mesma maneira que os ofícios dos artífices, e se tornariam assim senhores da natureza. Mas, por uma singular reviravolta, essa dominação coletiva se transforma em sujeição assim que se passa à escala do indivíduo, e em uma sujeição bastante próxima daquilo que a vida primitiva comporta. Os esforços do trabalhador moderno lhe são impostos por uma coerção tão brutal, tão sem piedade, e que o oprime tanto quanto a fome aterroriza um caçador primitivo; desde esse caçador primitivo até o operário de nossas grandes fábricas, passando pelos trabalhadores egípcios tratados a chibatadas, pelos escravos antigos, pelos servos da Idade Média constantemente ameaçados pela espada dos senhores, os homens nunca deixaram de ser empurrados ao trabalho por uma força exterior e sob pena de morte quase imediata. Quanto ao encadeamento dos movimentos de trabalho, ele também é frequentemente imposto de fora aos nossos operários assim como aos homens primitivos, e é tão misterioso para uns como para outros; mais ainda, nesse âmbito, a pressão é, em certos casos, incomparavelmente mais brutal hoje do que jamais fora; por mais que um homem primitivo pudesse estar submetido à repetitividade e aos tateamentos cegos, podia pelo menos tentar refletir, combinar, inovar com seus riscos e perigos, liberdade da qual um trabalhador está absolutamente privado na linha de montagem. Por fim, se a humanidade parece já dispor dessas forças da natureza, que, no entanto, segundo Espinosa, «ultrapassam infinitamente as do homem», e de maneira tão soberana quanto um cavaleiro dispõe de seu cavalo, essa vitória não pertence aos homens tomados um a um; só as coletividades mais vastas estão em condições de manejar «a força e as ações do fogo, da água, do ar [...] e de todos os outros corpos que nos rodeiam». Quanto aos membros dessas coletividades, opressores e oprimidos estão igualmente submetidos às exigências implacáveis da luta pelo poder.

Assim, apesar do progresso, o homem não saiu da condição servil na qual se encontrava quando estava fraco e nu ao sabor de todas as forças cegas que compõem o universo; apenas o poder que o mantém de joelhos foi como que transferido da matéria inerte para a sociedade que ele mesmo forma com seus semelhantes. E, assim, essa sociedade é imposta à sua adoração por meio de todas as normas que o sentimento religioso assume sucessivamente. Portanto, a questão social se coloca de forma bem clara: é preciso examinar o mecanismo dessa transferência; buscar por que o homem teve de pagar tal preço por seu poder sobre a natureza; conceber em que pode consistir para ele a situação menos infeliz, isto é, aquela em que ele seria menos sujeito à dupla dominação da natureza e da sociedade; finalmente, perceber que caminhos podem conduzir a uma situação como essa, e que instrumentos a civilização poderia fornecer aos homens de hoje, caso eles quisessem transformar sua vida nesse sentido.

Aceitamos com excessiva facilidade o progresso material como um dom do céu, como uma coisa natural; é preciso olhar de frente as condições à custa das quais ele se realiza. A vida primitiva é algo de fácil compreensão; o homem é picado pela fome, ou ao menos pelo pensamento outrossim lancinante de que será daqui a pouco uma presa da fome, e sai em busca de alimento; treme sob o efeito do frio, ou pelo menos sob o domínio do pensamento de que fará frio em breve, e procura coisas que lhe permitam criar ou conservar o calor; e assim por diante. Quanto à maneira de agir, primeiro lhe ocorre pelo hábito, desde a infância, imitar os antigos, e também pelos costumes que ele próprio criou, no decorrer de múltiplas tentativas, repetindo os procedimentos que haviam dado certo; quando apanhado desprevenido, tateia ainda, levado que é a agir em decorrência de uma aguilhoada que não lhe dá descanso. Em tudo isso, o homem só tem de ceder à sua própria natureza, não serve vencê-la.

Ao contrário, tão logo se passa a um estágio mais avançado da civilização, tudo se torna miraculoso. Veem, então, os homens deixando de lado as coisas boas para o consumo, desejáveis, e das quais, todavia, se privam. Vemo-los abandonarem em grande medida a procura do alimento, do calor e do resto, e consagrarem o melhor de suas forças a trabalhos aparentemente estéreis. Na verdade, a maior parte desses trabalhos nada tem de estéril; eles são infinitamente mais produtivos do que os esforços do homem primitivo, pois têm o efeito de controlar a natureza exterior em um sentido favorável à vida humana. Mas essa eficácia é indireta, e muitas vezes separada do esforço inicial por tantas mediações que o espírito tem dificuldade de percorrê-las; é uma eficácia a longo prazo, da qual somente as gerações futuras tirarão proveito. Ao contrário, a fadiga extenuante, as dores, os perigos ligados a esses trabalhos se sentem imediata e permanentemente. Ora, todos sabem por sua própria experiência quão rara é a ideia abstrata de que uma utilidade remota supera as dores, as necessidades, os desejos presentes. E, todavia, se não se quer retornar à vida primitiva, é preciso que ela prevaleça na existência social.

Contudo, ainda mais miraculosa é a coordenação dos trabalhos. Todo nível um pouco elevado da produção supõe uma cooperação mais ou menos extensa; e a cooperação é definida pelo fato de que os esforços de cada um só têm sentido e eficácia em relação e em exata correspondência com os esforços de todos os outros, de maneira que todos os esforços formem um único trabalho coletivo. Em outras palavras, os movimentos de muitos homens devem se combinar assim como se combinam os movimentos de um único homem. Mas como isso é possível? Uma combinação só se realiza se for pensada; ora, uma relação só se forma no interior de um espírito. Para formar o número quatro, não é possível acrescentar o número dois pensado por um homem ao número dois pensado por outro homem; da mesma maneira, para formar um trabalho coerente, a concepção que um dos cooperadores tem do trabalho parcial por ele realizado não pode combinar com a concepção que cada um dos outros tem da própria tarefa respectivamente. Vários espíritos humanos não se unem absolutamente em um espírito coletivo, e as palavras alma coletiva, pensamento coletivo, tão usadas em nossos dias, são totalmente desprovidas de sentido. Assim, para que os esforços de muitos se combinem, é preciso que sejam todos dirigidos por um mesmo e único espírito, como diz o célebre verso de Fausto: «Um espírito basta para mil braços».

Na organização igualitária das populações primitivas, não se consente resolver nenhum desses problemas, nem o da privação, nem o do estímulo do esforço, nem o da coordenação dos trabalhos; em compensação, a opressão social fornece uma solução imediata, criando, em termos aproximativos, duas categorias de homens: os que comandam e os que obedecem. O chefe coordena sem dificuldade os esforços dos homens subordinados às suas ordens; não deve vencer nenhuma tentação para reduzi-los ao estritamente necessário; e, quanto ao estímulo do esforço, uma organização opressiva é admiravelmente apropriada para fazer os homens galoparem além dos limites de suas forças, uns fustigados pela ambição, outros, como diz Homero, «sob a pressão de uma dura necessidade».

Os resultados são frequentemente prodigiosos quando a divisão das categorias é profunda o suficiente, de modo que aqueles que decidem os trabalhos não estão nunca expostos a sentir e nem mesmo a conhecer os desgastes estafantes, nem as dores, nem os perigos, enquanto aqueles que executam e sofrem não têm escolha, estando continuamente sob uma ameaça de morte mais ou menos disfarçada. Assim, o homem foge em certa medida dos caprichos de uma natureza cega, apenas para se entregar aos caprichos não menos cegos da luta pelo poder. Isso nunca é tão verdade como quando o homem chega, e é o nosso caso, a uma técnica tão adiantada que lhe dá o domínio das forças da natureza; porque, para que isso aconteça, a cooperação deve existir em uma escala tão vasta que os dirigentes acabam tendo em mãos um volume enorme de atividades que ultrapassam formidavelmente sua capacidade de controle. A humanidade passa a ser assim joguete das forças da natureza, na nova forma que lhe foi dada pelo progresso técnico, muito mais do que nos tempos primitivos. Tivemos, temos e teremos disso a amarga experiência. Quanto às tentativas de conservar a técnica libertando-se da opressão, elas suscitam imediatamente tamanha inércia e tamanha desordem que os que se lançaram na iniciativa se acham, em sua maioria, obrigados a repor quase de imediato a cabeça sob o jugo; a experiência foi feita em pequena escala nas cooperativas de produção, em vasta escala durante a Revolução Russa. Parece que o homem nasce escravo e que a servidão é a condição que lhe é própria.

Todavia, nada neste mundo pode impedir o homem de se sentir nascido para a liberdade. Nunca, aconteça o que acontecer, ele pode aceitar a servidão; pois ele pensa. Nunca deixou de sonhar uma liberdade sem limites, seja como uma felicidade remota da qual teria sido privado por uma punição, seja como uma felicidade futura que lhe seria devida por uma espécie de pacto com uma providência misteriosa. O comunismo imaginado por Marx é a mais recente forma desse sonho. Esse sonho sempre permaneceu vão, como todos os sonhos, ou então serviu de consolação, mas como se fosse o ópio; já é tempo de renunciar a sonhar a liberdade, e de se decidir a concebê-la.

É preciso se esforçar para conceber claramente a liberdade perfeita, não na esperança de atingi-la, mas na esperança de atingir uma liberdade menos imperfeita do que aquela de nossa condição atual; porque aquilo que é melhor é concebível apenas mediante aquilo que é perfeito. Só podemos nos dirigir a um ideal. O ideal é tão irrealizável quanto o sonho, mas, ao contrário do sonho, se relaciona com a realidade; permite, na qualidade de limite, classificar situações reais ou realizáveis de acordo com uma ordem que vai do menor ao mais alto valor. A liberdade perfeita não pode ser concebida como se consistisse apenas no desaparecimento dessa necessidade cuja pressão suportamos continuamente; enquanto o homem viver, isto é, enquanto ele for um ínfimo fragmento desse universo sem piedade, a pressão da necessidade não se afrouxará um só momento. No mundo em que vivemos, um estado de coisas no qual o homem tivesse à sua disposição tantos prazeres e tão poucas fadigas não pode existir senão de maneira fictícia. A natureza na verdade é mais clemente ou mais severa em relação às necessidades humanas, conforme o clima e talvez conforme as épocas; mas esperar a invenção milagrosa que a torne clemente em todos os lugares e para sempre é quase tão insensato quanto as esperanças que outrora eram depositadas na data do ano 1000. Ademais, se examinarmos essa ficção de perto, veremos que ela não vale nem um lamento. Basta levar em consideração a fraqueza da natureza humana para compreender que uma vida da qual a própria noção do trabalho tivesse praticamente desaparecido seria entregue às paixões e, talvez, à loucura; não há autodomínio sem disciplina, e não há outra fonte de disciplina para o homem senão o esforço exigido pelos obstáculos exteriores. Um povo de ociosos poderia divertir-se bem criando obstáculos, exercitando-se nas ciências, nas artes, nos jogos; mas os esforços que procedem só da fantasia não constituem para o homem um meio de dominar suas próprias fantasias. São os obstáculos contra os quais se choca e que ele tem de vencer a fornecerem a oportunidade para vencer a si mesmo. Mesmo as atividades aparentemente mais livres, ciência, arte, esporte, só têm valor desde que imitem a exatidão, o rigor, os escrúpulos próprios dos trabalhos, e até os exagerem. Sem o modelo que lhes é proporcional, sem que o saibam, o lavrador, o ferreiro, o marinheiro que trabalham como é necessário — para usar essa expressão de uma ambiguidade admirável —, essas atividades naufragariam no puro arbítrio. A única liberdade que é possível atribuir à idade de ouro é aquela que as crianças teriam se os pais não lhes impusessem regras; na verdade, trata-se de uma submissão incondicionada ao capricho. O corpo humano não pode deixar, de forma alguma, de depender do poderoso universo do qual é prisioneiro; ainda que o homem deixasse de estar submetido às coisas e aos outros homens pelas necessidades e perigos, mesmo assim lhes estaria ainda mais de todo entregue pelas emoções que lhe agitariam continuamente as entranhas, das quais nenhuma atividade regular poderia defendê-lo. Se por liberdade se entendesse a simples ausência de toda necessidade, essa palavra seria vazia de todo significado concreto; mas então não significaria para nós aquilo cuja privação teria o valor da vida.

Pode-se entender por liberdade algo diverso da possibilidade de obter sem esforço aquilo que apraz. Existe uma concepção bem diferente de liberdade, uma concepção heroica que é a da sabedoria comum. A autêntica liberdade não é definida por uma relação entre o desejo e a satisfação, mas por uma relação entre o pensamento e a ação; seria totalmente livre o homem cujas ações procedessem todas de um juízo preliminar concernente ao objetivo a que ele se propõe ao encadeamento dos meios prováveis para realizar esse objetivo. Pouco importa que as ações em si mesmas sejam fáceis ou dolorosas, e pouco importa também que elas sejam coroadas de sucesso; a dor e o insucesso podem tornar o homem infeliz, mas não podem humilhá-lo enquanto for ele mesmo a dispor de sua própria faculdade de agir. E dispor de suas próprias ações não significa de modo algum agir arbitrariamente; as ações arbitrárias não derivam de nenhum juízo e, se quisermos ser precisos, não podem ser chamadas de livres. Todo juízo se aplica a uma situação objetiva e, consequentemente, a uma trama de necessidades. O homem vivo não pode, em hipótese alguma, deixar de ser contido por todos os lados por uma necessidade absolutamente inflexível; mas, visto que ele pensa, tem a faculdade de escolher entre ceder cegamente ao aguilhão pelo qual ela o pressiona de fora, ou então se conformar à representação interior que se forja; e nisso consiste a oposição entre servidão e liberdade. Os dois termos dessa oposição, aliás, não são mais do que polos ideais entre os quais se move a vida humana sem nunca atingir nenhum, do contrário já não se trataria da vida. Um homem seria completamente escravo se todos os seus gestos procedessem de outra fonte diversa de seu pensamento, isto é, das reações irracionais do corpo ou do pensamento de outrem; o homem primitivo faminto, cujos saltos são provocados pelos espasmos que retorcem suas entranhas, o escravo romano perpetuamente voltado para as ordens de um feitor com um chicote, o operário moderno que trabalha em linha de montagem se aproximam dessa miserável condição. Quanto à liberdade completa, pode-se encontrar um modelo abstrato em um problema de aritmética ou de geometria bem resolvido; pois em um problema todos os elementos da solução estão dados e o homem pode esperar auxílio apenas de seu próprio juízo, o único capaz de estabelecer entre esses elementos a relação que constitui por si mesma a solução procurada. Os esforços e as vitórias da matemática não ultrapassam o limite da folha de papel, reino dos sinais e dos desenhos; uma vida inteiramente livre seria aquela em que todas as dificuldades se apresentassem como esses problemas, em que todas as vitórias fossem como soluções colocadas em ação. Todos os elementos da solução estariam então dados, isto é, conhecidos e manipuláveis, como são os signos do matemático; para obter o resultado desejado, bastaria colocar esses elementos em relação graças à direção metódica que o pensamento imprimiria, não mais com simples riscos de pena, mas com movimentos efetivos que deixariam sua marca no mundo. Mais exatamente, a realização de qualquer obra seria uma combinação de esforços tão consciente e tão metódica quanto pode ser a combinação de cifras com a qual se opera a solução de um problema quando ela deriva da reflexão. O homem teria então constantemente seu próprio destino nas mãos; forjaria a cada momento as condições de sua própria existência com um ato do pensamento. O simples desejo, é verdade, não o levaria a nada; não obteria nada de graça; e até as possibilidades de esforço eficaz seriam para ele estreitamente limitadas. Mas o próprio fato de não poder obter nada sem ter acionado, para conquistá-lo, todos os poderes do pensamento e do corpo permitiria ao homem desvincular-se para sempre do domínio cego das paixões. Uma visão clara do possível e do impossível, do fácil e do difícil, das dificuldades que separam o projeto da realização faz, por si só, desaparecerem os desejos insaciáveis e os medos vãos; disso, e de nenhuma outra fonte, é que procedem a temperança e a coragem, virtudes sem as quais a vida é apenas um vergonhoso delírio. Além disso, toda espécie de virtude tem sua fonte no encontro que faz o pensamento humano deparar com uma matéria sem indulgência e sem perfídia. Não é possível conceber nada maior para o homem do que um destino que o coloque diretamente no embate com a necessidade nua, sem que ele nada tenha de esperar senão de si mesmo, e de tal forma que sua vida seja uma perpétua criação de si mesmo por si mesmo. O homem é um ser limitado ao qual não é dado ser, como o Deus dos teólogos, o autor direto da própria existência; mas o homem possuiria o equivalente humano desse poder divino se as condições materiais que permitem sua existência fossem exclusivamente obra de seu pensamento que dirigindo o esforço de seus músculos. Essa seria a verdadeira liberdade.

Essa liberdade é apenas um ideal, não pode ser encontrada em uma situação real, assim como a reta perfeita, que não pode ser traçada com o lápis. Mas será útil conceber esse ideal se pudermos discernir ao mesmo tempo o que nos separa dele, e quais circunstâncias podem nos afastar ou nos aproximar dele. O primeiro obstáculo que se apresenta é constituído pela complexidade e extensão do mundo com que lidamos, as quais ultrapassam infinitamente o alcance de nosso espírito. As dificuldades da vida real não constituem problemas à nossa altura; elas equivalem a problemas cujos dados fossem em quantidade inumerável, porque a matéria é duplamente indefinida, tanto em relação à extensão quanto à divisibilidade. Por conseguinte, é impossível para um espírito humano levar em consideração todos os fatores dos quais depende o êxito da ação aparentemente mais simples; seja qual for a situação, há margem para inúmeros acasos fortuitos, e as coisas escapam ao nosso pensamento como fluidos que pretendêssemos agarrar com os dedos. Parece então que o pensamento só pode ser exercido em vãs combinações de signos, e que a ação deve se reduzir ao mais cego tateamento. Mas, de fato, não é assim. É claro que nunca podemos agir com todas as garantias; mas isso não importa tanto quanto se tende a acreditar. Podemos facilmente suportar que as consequências de nossas ações dependam de acasos incontroláveis; o que precisamos a todo custo retirar do acaso são nossas próprias ações, e isso de maneira a submetê-las à direção do pensamento. Para isso basta que o homem possa conceber uma corrente de intermediários que una os movimentos de que ele é capaz aos resultados que ele quer obter; e muitas vezes é capaz de fazê-lo, graças à relativa estabilidade que persiste, ao longo dos movimentos cegos do universo, na escala do organismo humano, e que é a única a permitir que esse organismo subsista. Com certeza essa corrente de intermediários não constitui sempre um esquema abstrato; quando se passa à execução, a cada instante podem ocorrer acidentes para desviar os planos mais precisos; porém, se a inteligência soube elaborar claramente o plano abstrato da ação a ser executada, quer dizer que ela conseguiu, não, é claro, eliminar o acaso, mas reservar-lhe uma parte circunscrita e limitada e, por assim dizer, filtrá-lo, classificando em relação a esse plano a massa indefinida dos acidentes possíveis em algumas séries bem determinadas. Assim, o espírito não tem poder para se reconhecer nos inúmeros torvelinhos que o vento e a água formam em alto-mar; mas, uma vez colocado em meio a esses torvelinhos um barco, cujas velas e leme estejam dispostos de uma ou de outra maneira, é possível fazer a lista das ações que eles podem lhe causar. Todos os instrumentos são, digamos assim, de forma mais ou menos perfeita, instrumentos para definir os eventos causais. Assim o homem poderia eliminar o acaso, se não à sua volta, pelo menos dentro de si mesmo; entretanto, até mesmo isso é um ideal inacessível. O mundo é fértil demais em situações cuja complexidade nos ultrapassa para que o instinto, a rotina, a especulação, a improvisação nunca deixem de exercer um papel em nossos trabalhos; o homem pode apenas restringir cada vez mais esse papel graças aos progressos da ciência e da técnica. É importante que esse papel seja subordinado e não impeça o método de constituir a própria alma do trabalho. É preciso também que ele apareça como provisório, e que repetitividade e tateamento sejam sempre considerados não como princípios de ação, mas como remédios destinados a preencher as lacunas do pensamento metódico; e a esse respeito as hipóteses científicas nos oferecem grande ajuda, fazendo-nos conceber os fenômenos que conhecemos apenas em parte como regidos por leis análogas às que determinam os fenômenos mais claramente compreendidos. E, mesmo nos casos dos quais nada sabemos, ainda assim podemos supor que se apliquem leis semelhantes; isso basta para eliminar, se não a ignorância, o sentimento do mistério, e nos faz compreender que vivemos em um mundo no qual o homem não deve esperar milagres senão de si mesmo.

Há, todavia, uma fonte de mistério que não podemos eliminar: nosso próprio corpo. A extrema complexidade dos fenômenos vitais pode, talvez, ser progressivamente desembaraçada, pelo menos em certa medida; mas uma sombra impenetrável envolverá sempre a relação imediata que liga nossos pensamentos a nossos movimentos. Nesse âmbito, não podemos conceber nenhuma necessidade pelo próprio fato de que não podemos determinar os elos intermediários; além do que, a noção de necessidade, tal como o pensamento humano a concebe, é propriamente aplicável apenas à matéria. Também não é possível encontrar, nos fenômenos em questão, por falta de uma necessidade claramente concebível, uma regularidade, ainda que aproximada. Por vezes, as reações do corpo vivo são completamente estranhas ao pensamento:

raramente elas executam apenas suas ordens; na maioria das vezes elas cumprem o que a alma desejou sem que esta tenha nenhuma participação nisso; frequentemente também acompanham os desejos formulados pela alma sem corresponder a eles de forma alguma; outras vezes precedem aos pensamentos. Qualquer classificação é impossível. Por isso é que, quando os movimentos do corpo são os protagonistas na luta contra a natureza, a própria noção de necessidade dificilmente pode constituir-se; em caso de êxito, a natureza parece obedecer ou agradar imediatamente aos desejos, e, em caso de insucesso, recusá-los. É o que acontece nas ações realizadas sem instrumentos ou com instrumentos tão bem adaptados aos membros vivos que eles só lhes prolongam os movimentos naturais. Pode-se assim compreender por que os primitivos, apesar de sua extrema habilidade em realizar tudo de que necessitam para subsistir, imaginam a relação entre o homem e o mundo sob o aspecto não do trabalho, mas da magia. Entre eles e a trama de necessidades que constitui a natureza e define as reais condições da existência se interpõe desde então, como uma barreira, toda espécie de caprichos misteriosos à mercê dos quais eles julgam encontrar-se; e, por mais que a sociedade que eles formam possa ser pouco opressiva, mesmo assim são escravos em relação a esses caprichos imaginários, muitas vezes, aliás, interpretados por sacerdotes e feiticeiros de carne e osso. Essas crenças sobrevivem em forma de superstições, e, ao contrário do que gostamos de pensar, nenhum homem está completamente livre delas; mas seu poder perde força à medida que, na luta contra a natureza, o corpo vivo passa para segundo plano e os instrumentos inertes, para o primeiro. É o que acontece quando os instrumentos, deixando de se modelar pela estrutura do organismo humano, o obrigam, ao contrário, a adaptar seus movimentos à forma deles. A partir de então, não há mais nenhuma correspondência entre os gestos a executar e as paixões; o pensamento precisa subtrair-se ao desejo e ao temor e aplicar-se unicamente em estabelecer uma relação exata entre os movimentos impressos nos instrumentos e o objetivo perseguido. A docilidade do corpo em tal caso é uma espécie de milagre, mas um milagre que o pensamento não deve levar em consideração; o corpo, tornado como que fluido pelo hábito, conforme a bela expressão de Hegel, faz simplesmente passarem para os instrumentos os movimentos concebidos pelo espírito. A atenção se volta exclusivamente para as combinações formadas pelos movimentos da matéria inerte, e a noção de necessidade surge em sua pureza, sem nenhuma mistura de magia. Por exemplo, em terra, e levado pelos desejos e medos que movem suas pernas em seu lugar, o homem muitas vezes passou de um lugar para outro sem saber como; no mar, ao contrário, como os desejos e os medos não têm poder sobre o barco, é preciso continuamente manobrar e ordenar, dispor velas e leme, transformar o empuxo do vento por um encadeamento de artifícios que só podem ser obra de um pensamento lúcido. Não é possível reduzir inteiramente o corpo humano a esse papel de intermediário dócil entre o pensamento e os instrumentos, mas podemos reduzi-lo de maneira crescente; para isso contribui cada progresso da técnica.

Mas, por infelicidade, ainda que se chegasse a submeter estrita e detalhadamente todos os trabalhos, sem exceção, ao pensamento metódico, surgiria no mesmo instante um novo obstáculo à liberdade, por causa da profunda diferença de natureza que separa a especulação teórica da ação. Na verdade, não há nada de comum entre a resolução de um problema e a execução de um trabalho ainda que perfeitamente metódico, entre o encadeamento das noções e o encadeamento dos movimentos. Quem se aplica em uma dificuldade de ordem teórica procede indo do simples para o complexo, do claro para o obscuro; já os movimentos do trabalhador não são, por si mesmos, uns mais simples ou mais claros do que os outros, mas os que precedem são a condição dos que se seguem. Além disso, o pensamento reúne quase sempre o que a execução deve separar, ou separa o que a execução deve unir. Portanto, quando um trabalho qualquer apresenta ao pensamento dificuldades que no momento são insuperáveis, é impossível unir o exame dessas dificuldades à execução do trabalho; o espírito deve resolver em primeiro lugar o problema teórico com os procedimentos próprios, e sucessivamente a solução poderá ser aplicada à ação. Em semelhante caso não se pode dizer que a ação seja exatamente metódica; ela é conforme ao método, o que é bem diferente. A diferença é capital; porque aquele que aplica o método não precisa concebê-lo no momento em que o aplica. Além disso, caso se trate de coisas complicadas, não pode fazê-lo ainda que tivesse sido ele a elaborá-lo; porque a atenção, continuamente obrigada a voltar-se para o momento presente da execução, não pode abranger ao mesmo tempo o encadeamento de relações de que depende o conjunto da execução. Então, o que está sendo executado não é um pensamento, é um esquema abstrato que indica uma sequência de movimentos e tão pouco penetrável pelo espírito, no momento da execução, quanto uma receita devida à simples rotina ou a um rito mágico. Além disso, uma só e mesma concepção é aplicável, com ou sem modificações mínimas, um número indefinido de vezes; pois, ainda que o pensamento abrace com um único gesto a série das aplicações possíveis de um método, nem por isso o homem fica dispensado de realizá-las uma a uma todas as vezes que for necessário. Assim, a uma única iluminação do pensamento corresponde uma quantidade ilimitada de ações cegas. É desnecessário dizer que aqueles que reproduzem indefinidamente a aplicação deste ou daquele método de trabalho na maior parte das vezes jamais fizeram o esforço de compreendê-lo; ademais, ocorre frequentemente que cada um deles seja encarregado de uma parte da execução, sempre a mesma, enquanto seus companheiros fazem o resto. Encontra-se assim na presença de uma situação paradoxal; isto é, o método está presente nos movimentos do trabalho, mas não no pensamento do trabalhador. Dir-se-ia que o método transferiu sua sede do espírito para a matéria. Disso as máquinas automáticas oferecem a imagem mais eloquente. Dado que o pensamento que elaborou um método de ação não precisa intervir na execução, pode-se delegar essa execução tão bem ou até melhor a pedaços de metal do que a membros vivos; e estamos, assim, diante do estranho espetáculo de máquinas no qual o método se cristalizou tão perfeitamente em metal que parece que são elas que pensam, e os homens dedicados a seu serviço é que estão reduzidos ao estado de autômatos. Na verdade, essa oposição entre a aplicação e a inteligência do método se encontra, inteiramente idêntica, no próprio quadro da pura teoria. Para tomar um exemplo simples, é impossível ter presente para o espírito a teoria da divisão no momento em que se faz uma divisão difícil; e isso não apenas porque essa teoria, que tem sua base na relação entre a divisão e a multiplicação, é de certa complexidade, mas sobretudo porque, executando cada uma das operações parciais ao fim das quais a divisão se realiza, se esquece de que as cifras representam ora unidades, ora dezenas, ora centenas. Os signos se combinam de acordo com as leis das coisas que significam; mas, na impossibilidade de conservar a relação entre signo e significado continuamente presente ao espírito, eles são tratados como se fossem combinados de acordo com suas próprias leis; e por isso as combinações se tornam ininteligíveis, o que quer dizer que elas se realizam de modo automático. O caráter mecânico das operações aritméticas é ilustrado pela existência de máquinas de calcular; mas um contador também não é mais do que uma máquina de calcular imperfeita e infeliz. A matemática só progride trabalhando com signos, ampliando seu significado, criando signos de signos. Assim, as letras correntes da álgebra representam quaisquer quantidades, ou mesmo operações virtuais, como é o caso dos valores negativos; outras letras representam as funções algébricas, e assim por diante. Como, em cada plano, se chega inevitavelmente a perder de vista a relação entre signo e significado, as combinações de signos, embora sempre rigorosamente metódicas, tornam-se logo impenetráveis ao pensamento. Não existe máquina algébrica satisfatória, embora várias tentativas tenham sido feitas nesse sentido; mas nem por isso os cálculos algébricos são menos automáticos do que o trabalho do contador, na maioria das vezes. Ou, melhor dizendo, eles são mais automáticos, no sentido de que o são, de alguma forma, em essência. Depois de ter feito uma divisão, sempre é possível refletir a respeito, devolvendo aos signos seu significado até compreender o porquê de cada parte da operação; mas não se dá o mesmo com a álgebra, em que os signos, à custa de serem manipulados e combinados entre si como tais, acabam por demonstrar uma eficácia que não se traduz em seu significado. Por exemplo, vejamos os signos e e i: manipulando-os de forma correta, suavizam-se maravilhosamente todas as dificuldades. Sobretudo se forem combinados de certa forma com ϖ, chega-se à afirmação de que a quadratura do círculo é impossível; todavia, nenhum espírito no mundo entende qual relação as quantidades, se lhes pudermos dar esse nome, designadas por essas letras podem ter com o problema da quadratura do círculo. O cálculo relacionam os signos no papel, sem que os objetos significados estejam em relação no espírito; de forma que a própria questão da significação dos signos acaba por não querer dizer nada. Assim, resolvemos um problema por uma espécie de magia, sem que o espírito tenha relacionado os dados e a solução. De modo que também aqui, como no caso da máquina automática, o método parece dizer respeito às coisas em vez de ao pensamento; com a diferença de que aqui as coisas não são pedaços de metal, mas traços sobre papel branco. Por isso, um cientista disse: «Meu lápis sabe mais do que eu». É evidente que as matemáticas superiores não são um mero produto do automatismo, e que o pensamento e até mesmo o gênio tiveram e têm sua parte na elaboração; daí resulta uma extraordinária mistura de operações cegas com iluminações de pensamento; mas, quando o pensamento não domina tudo, desempenha necessariamente um papel subordinado. E, quanto mais o progresso da ciência acumula as combinações inteiramente feitas de signos, tanto mais o pensamento fica esmagado, incapaz de fazer o inventário das noções que manipula. Decerto a relação das fórmulas assim elaboradas com as aplicações práticas de que são suscetíveis é também muitas vezes totalmente impenetrável para o pensamento, e por isso parece tão fortuita quanto a eficácia de uma fórmula mágica. O trabalho nesse caso é automático, por assim dizer, à segunda potência; não somente a execução, mas também a elaboração do método de trabalho, se cumpre sem ser dirigida pelo pensamento. Poder-se-ia conceber, a título de limite abstrato, uma civilização na qual toda atividade humana, tanto na esfera do trabalho como na da especulação teórica, fosse submetida até nos detalhes a um rigor totalmente matemático, e isso sem que nenhum ser humano compreendesse nada daquilo que fizesse; a noção de necessidade desapareceria assim de todos os espíritos, e de maneira muito mais radical do que nos povos primitivos que, como afirmam nossos sociólogos, ignoram a lógica.

Por sua vez, o único modo de produção plenamente livre seria aquele em que o pensamento metódico estivesse em ação no decorrer do trabalho. As dificuldades a vencer deveriam ser muito variadas, tornando assim possível a aplicação de regras já criadas. Isso não quer dizer que o papel dos conhecimentos adquiridos deva ser nulo, mas é preciso que o trabalhador seja obrigado a ter sempre presente no espírito a concepção do trabalho que está executando, para que possa aplicá-la com inteligência em casos particulares sempre novos. Tal presença de espírito é naturalmente condicionada pelo fato de que a fluidez do corpo produzida pelo hábito e a habilidade atingem um grau muito alto. É preciso também que todas as noções utilizadas no decorrer do trabalho sejam bastante claras para que possam ser evocadas inteiramente em um piscar de olhos. Que a memória consiga preservar a própria noção ou apenas a fórmula que lhe serve de invólucro depende da maior ou menor flexibilidade da inteligência, e, mais ainda, do caminho mais ou menos reto pelo qual uma noção se formou no espírito. É evidente que o grau de complicação das dificuldades a resolver nunca deve ser muito elevado, sob pena de estabelecer uma fissão entre o pensamento e a ação. Está claro que um símile ideal não poderá jamais ser plenamente efetuável; não se pode evitar, na vida prática, realizar ações impossíveis de compreender no momento em que as levamos a cabo, porque é preciso confiar nas regras já estabelecidas, ou no instinto, na improvisação, na repetitividade. Mas, ao menos, é possível dilatar pouco a pouco o âmbito do trabalho lúcido, e talvez de maneira indefinida. Para esse objetivo seria suficiente que o homem pretendesse não mais estender indefinidamente seus conhecimentos e seu poder, mas sim instaurar, tanto no estudo quanto no trabalho, certo equilíbrio entre o espírito e o objeto ao qual se aplica o espírito.

Mas existe ainda outro fator de servidão: a existência, para cada um, dos outros homens. Ou melhor, observando bem, é exatamente o único fator de servidão em sentido estrito; somente o homem pode subjugar o homem. Os próprios primitivos não seriam escravos da natureza se nela não colocassem seres imaginários análogos ao homem, e cujas vontades, aliás, são interpretadas pelos homens. Nesse caso, como em todos os outros, a fonte do poder é o mundo exterior; mas, se por trás das forças infinitas da natureza não houvesse, seja por ficção, seja na realidade, vontades divinas ou humanas, a natureza poderia destroçar o homem, mas não humilhá-lo. A matéria pode desmentir as previsões e arruinar os esforços e todavia continuar a ser inerte, feita para ser conhecida e manipulada de fora; porém jamais se pode penetrar ou manejar de fora o pensamento humano. Uma vez que o destino de um homem depende de outros homens, a própria vida lhe escapa, não só das mãos, como também da inteligência; o juízo e a decisão não têm mais nada a que se aplicar; em vez de elaborar e agir, é preciso rebaixar-se para suplicar ou ameaçar; e a alma cai nos abismos sem fundo do desejo e do temor, pois não há limites para as satisfações e para os sofrimentos que um homem pode receber dos outros homens. Essa dependência aviltante não é a realidade dos oprimidos apenas, mas, com o mesmo valor embora de maneira diferente, dos oprimidos e dos poderosos. Como o homem poderoso só vive de seus escravos, a existência de um mundo inflexível lhe escapa quase inteiramente; suas ordens parecem conter em si mesmas uma eficácia misteriosa; ele nunca é capaz propriamente de querer, mas é presa de desejos que nunca são limitados pela visão clara da realidade. Como não concebe outro método de ação além do comando, quando lhe acontece, como é inevitável, de comandar em vão, ele passa de repente do sentimento de poder absoluto ao sentimento de impotência radical, como tantas vezes acontece nos sonhos; e os temores são, então, ainda mais esmagadores quando ele sente continuamente sobre si a ameaça de seus rivais. Quanto aos escravos, estão continuamente em luta com a matéria; só que seu destino depende não dessa matéria com que lidam, mas dos senhores, cujos caprichos não conhecem leis nem limites.

Contudo, seria pouco depender de seres que, embora estranhos, são ao menos reais, e que se pode, se não penetrar, ao menos ver, ouvir, adivinhar por analogia consigo mesmo. Na verdade, em todas as sociedades opressivas, todo homem, seja qual for o nível em que se encontre, depende não só dos que estão acima ou abaixo dele, mas, antes de mais nada, do próprio jogo da vida coletiva, jogo cego que determina por si só as hierarquias sociais; e pouco importa, a esse respeito, que o poder manifeste sua origem essencialmente coletiva, ou seja, pareça situar-se em certos indivíduos determinados como a virtude soporífera no ópio. Ora, se há no mundo algo absolutamente abstrato, inteiramente misterioso, inacessível aos sentidos e ao pensamento, é a coletividade; o indivíduo que é membro de uma coletividade não parece ser capaz de alcançá-la nem apanhá-la por nenhuma artimanha, nem exercer uma pressão sobre ela com uma alavanca. Diante dela, ele se sente reduzido à ordem do infinitamente pequeno. Se os caprichos de um indivíduo são vistos por todos os outros como arbitrários, os choques da vida coletiva parecem sê-lo à segunda potência. Assim, entre o homem e esse universo que lhe é assinalado pelo destino como a única matéria de seu pensamento e de sua ação, as relações de opressão e de servidão estabelecem de forma permanente a barreira impenetrável do arbítrio humano. Por que se maravilhar se em vez de ideias só aparecem opiniões; em vez de ação, uma agitação cega? Poder-se-ia imaginar a possibilidade de algum progresso digno desse nome, isto é, um progresso na ordem dos valores humanos, apenas se fosse possível conceber a título de limite ideal uma sociedade capaz de armar o homem contra o mundo sem separá-lo dele.

Simone Weil

Se o homem não foi feito para ser joguete de uma natureza cega, tampouco foi feito para ser joguete das coletividades cegas que ele forma com seus semelhantes; mas, para não estar à mercê da sociedade tão passivamente quanto uma gota de água no mar, seria preciso que ele pudesse conhecê-la e agir sobre ela. É verdade que em todos os âmbitos as forças coletivas superam infinitamente as forças individuais; assim, é tão difícil conceber um indivíduo que disponha ainda que apenas de uma porção da vida coletiva quanto conceber uma linha que se alongue pelo acréscimo de um ponto. Pelo menos é o que parece; mas, na verdade, há uma exceção, e é a única: o âmbito do pensamento. No que diz respeito ao pensamento, a relação se inverte; nesse caso, o indivíduo é mais do que a coletividade, assim como algo é mais do que nada, porque o pensamento só se forma em um espírito que se encontra sozinho diante de si mesmo; as coletividades não pensam. É verdade que o pensamento por si só não constitui uma força, de forma alguma. Arquimedes foi morto, dizem, por um soldado bêbado; mas, se o tivessem posto a girar a mó debaixo do chicote de um feitor, ele teria girado exatamente como o mais grosseiro dos homens. Dado que o pensamento plana acima do embate social, ele pode julgar, mas não transformar. Todas as forças são materiais; a expressão «força espiritual» é essencialmente contraditória; o pensamento pode ser uma força apenas na medida em que é materialmente indispensável. Para exprimir a mesma ideia em outros termos, o homem nada tem de essencialmente individual, nada tem que lhe seja de todo próprio, a não ser a faculdade de pensar. E essa sociedade, da qual ele depende estreitamente em cada momento de sua existência, depende, em compensação, um pouco dele, quando precisa que ele pense. Porque tudo o mais pode ser imposto de fora pela força, inclusive os movimentos do corpo, mas nada no mundo pode obrigar um homem a exercer seu poder de pensamento, nem lhe subtrair o controle de seu próprio pensamento. Se for preciso que um escravo pense, será melhor largar o chicote; senão, são bem poucas as possibilidades de conseguir bons resultados. Por isso, se quisermos conceber, de modo puramente teórico, o conceito de uma sociedade na qual a vida coletiva seja submetida aos homens considerados como indivíduo, em vez de submetê-los, será preciso apelar para uma forma de vida material na qual só interviriam esforços dirigidos exclusivamente pelo pensamento iluminado, e isso implicaria que cada trabalhador haveria de controlar por si só, sem fazer referência a nenhuma regra exterior, não apenas a adaptação de seus esforços à obra a produzir, mas também sua coordenação com os esforços de todos os outros membros da coletividade. A técnica deveria ser de tal natureza que permitisse colocar perpetuamente em ação a reflexão metódica; a analogia entre as técnicas dos diversos trabalhos deveria ser muito estreita e a cultura técnica muito extensa para que cada trabalhador tivesse uma ideia nítida de todas as especialidades; a coordenação deveria estabelecer-se de forma bastante simples para que cada um tivesse constantemente o conhecimento preciso dela tanto no que diz respeito à cooperação dos trabalhadores quanto às trocas de produtos; as coletividades não deveriam nunca ser tão extensas a ponto de ultrapassar o alcance de um espírito humano; a comunhão dos interesses seria evidente o bastante para apagar as rivalidades; e, como cada indivíduo estaria em condições de controlar o conjunto da vida coletiva, ela estaria sempre de acordo com a vontade geral. Os privilégios fundados no comércio de produtos, nos segredos da produção ou na coordenação dos trabalhos seriam automaticamente abolidos. A função de coordenar já não implicaria nenhum poder, pois o controle contínuo exercido por cada um tornaria impossível qualquer decisão arbitrária. De forma geral, a mútua dependência dos homens não implicaria mais que seu destino ficasse à mercê do arbítrio, e deixaria de introduzir na vida humana esse algo misterioso, visto que cada um estaria em condições de controlar a atividade de todos os outros apelando somente para a sua razão. Só há uma única e mesma razão para todos os homens; eles só se tornam estranhos e impenetráveis uns para os outros quando se afastam dela; assim, uma sociedade na qual toda a vida material tivesse como condição necessária e suficiente que cada um exercesse sua razão poderia ser inteiramente transparente para cada espírito. Quanto ao estímulo necessário para vencer as fadigas, as dores e os perigos, cada um o encontraria no desejo de alcançar a estima de seus companheiros, porém ainda mais em si mesmo. Quanto àqueles trabalhos que são criações do espírito, a pressão exterior, tornada inútil e nociva, seria substituída por uma espécie de pressão interior. O espetáculo da obra inacabada atrai o homem livre com tanta força quanto o chicote empurra o escravo. Só uma sociedade como essa seria uma sociedade de homens livres, iguais e irmãos. Os homens estariam na verdade enredados nos laços coletivos, mas exclusivamente em sua qualidade de homens; nunca seriam tratados como coisas uns pelos outros. Cada um veria em cada companheiro de trabalho outro si mesmo colocado em outro posto, e o amaria como pede a máxima evangélica. Assim, além da liberdade, o homem possuiria um bem ainda mais precioso; porque, se não há nada mais odioso do que a humilhação e o aviltamento do homem pelo homem, nada é tão belo nem tão doce quanto a amizade.

Esse quadro, considerado em si mesmo, está, se possível, ainda mais longe das condições reais da vida humana do que a ficção da idade de ouro. Mas, ao contrário dessa ficção, pode servir como ideal, como ponto de referência para a análise e a apreciação das formas sociais reais. O quadro de uma vida social inteiramente opressiva, submetendo todos os indivíduos ao funcionamento de um mecanismo cego, também era puramente teórico; a análise que fosse capaz de situar uma sociedade em relação a esses dois quadros já estaria mais próxima da realidade, ainda que permanecendo abstrata. Aparece assim um novo método de análise social que não é aquele de Marx, embora parta, como Marx queria, das relações de produção; enquanto Marx, cuja concepção aliás é pouco precisa nesse ponto, parece ter desejado ordenar os modos de produção em função do rendimento, eles deveriam ser analisados em função das relações entre o pensamento e a ação. É óbvio que um ponto de vista como esse de forma alguma implica que a humanidade tenha evoluído, no decorrer da história, das formas menos conscientes para as formas mais conscientes da produção; a noção de progresso é indispensável para quem procura forjar de antemão o futuro, porém pode apenas confundir o espírito quando se estuda o passado. É necessário, então, substituí-la pela noção de uma escala de valores concebida fora do tempo; mas tampouco, em uma escala como essa, é possível dispor em série as diversas formas sociais. O que se pode fazer é relacionar com uma escala semelhante este ou aquele aspecto da vida social considerada em uma determinada época. Fica bastante claro que os trabalhos diferem realmente entre si em razão de algo que não se refere nem ao bem-estar, nem ao ócio, nem à segurança, e que, no entanto, está no coração de todo homem. Um pescador que luta contra as ondas e o vento em seu pequeno barco, embora sofra com o frio e o cansaço, com a falta de repouso e até de sono, com o perigo, com um nível de vida primitivo, tem um destino mais invejável do que o operário que trabalha em linha de montagem, ainda que mais favorecido em relação a quase todos esses aspectos. O fato é que seu trabalho parece muito mais o trabalho de um homem livre, embora a rotina e a improvisação cega tenham nele uma parte às vezes bem ampla. O artesão da Idade Média também ocupa, desse ponto de vista, um lugar muito honroso, ainda que a «habilidade manual», que desempenha um papel tão importante em todos os trabalhos manuais, seja em larga medida algo cego; quanto ao operário plenamente qualificado, formado pela técnica dos tempos modernos, é, talvez, o que mais se parece com o trabalhador perfeito. Diferenças análogas se encontram na ação coletiva; uma equipe de trabalhadores na linha de montagem, vigiados por um contramestre, é um triste espetáculo, enquanto é maravilhoso ver um punhado de operários de construção, todos parados diante de uma dificuldade, refletindo, cada um por sua conta, para indicar diferentes meios de ação e aplicar unanimemente o método concebido por um deles, que pode ou não ter uma autoridade oficial sobre os outros. Em tais momentos, a imagem de uma coletividade livre surge quase pura. Quanto à relação entre a natureza do trabalho e a condição do trabalhador, ela é também evidente, assim que se olha para a história ou para a sociedade atual; até mesmo os escravos antigos eram tratados com deferência, quando empregados como médicos ou pedagogos. Mas todas essas considerações se limitam ainda a detalhes. Seria mais precioso um método que permitisse chegar a visões globais a respeito das diversas organizações sociais em função de noções de servidão e liberdade.

Antes de mais nada, seria preciso esboçar algo como um mapa da vida social, no qual seriam indicados os pontos sobre os quais é indispensável que o pensamento se exerça, e consequentemente, se assim se pode dizer, as zonas de influência dos indivíduos sobre a sociedade. É possível distinguir três maneiras pelas quais o pensamento pode intervir na vida social: pode elaborar especulações puramente teóricas, cujos resultados os técnicos aplicarão depois; pode exercer-se na execução; pode exercer-se no comando e na direção. Em todos os casos, trata-se de um exercício apenas parcial e, por assim dizer, mutilado do pensamento, já que o espírito nunca abraça plenamente seu objeto; mas é suficiente para que aqueles que estão obrigados a pensar conservem melhor do que os outros a forma humana ao cumprirem sua função social. E isso não é válido apenas para os oprimidos, mas para todos os degraus da escala social. Em uma sociedade fundada sobre a opressão, não só os fracos, mas também os mais poderosos estão submetidos às exigências cegas da vida coletiva, e há um empobrecimento do coração e do espírito tanto em uns como nos outros, ainda que de maneira diferente. Ora, caso se contraponham duas camadas sociais opressivas, como, por exemplo, os cidadãos de Atenas e a burocracia soviética, encontra-se uma distância pelo menos tão grande quanto aquela que separa um de nossos operários qualificados de um escravo grego. Quanto às condições graças às quais o pensamento tem maior ou menor participação no exercício do poder, seria fácil estabelecê-las, conforme o grau de complicação e de extensão das atividades, o caráter geral das dificuldades a resolver e a repartição das funções. Assim, os membros de uma sociedade opressiva não se distinguem apenas de acordo com o lugar mais elevado ou mais baixo em que se encontram fixados ao mecanismo social, mas também pelo caráter mais consciente ou mais passivo de suas relações com ele, e essa segunda distinção, mais importante do que a primeira, não tem ligação direta com ela. Quanto à influência que os homens encarregados de funções submetidas à direção de sua própria inteligência podem exercer sobre a sociedade de que fazem parte, isso depende, é claro, da natureza e da importância de tais funções; seria muito interessante, mas também muito difícil, prosseguir a análise até o mínimo detalhe sobre esse ponto. Outro fator muito importante das relações entre a opressão social e os indivíduos é constituído pelas faculdades de controle mais ou menos extensas que podem exercer, sobre as diferentes funções que consistem essencialmente em coordenar, os homens que não estão investidos dessa função; é claro que, quanto mais essas funções escapam ao controle, tanto mais a vida coletiva é sufocante para o conjunto dos indivíduos. É preciso levar em consideração o caráter dos laços que mantêm o indivíduo na dependência material da sociedade que o rodeia; esses laços são ora mais frouxos, ora mais estreitos, e é possível encontrar diferenças consideráveis, conforme um homem é mais ou menos obrigado, em cada momento de sua existência, a voltar-se para os outros para obter os meios de consumo, os meios de produção e de preservar-se dos perigos. Por exemplo, um operário que possui um quintal grande o bastante para fornecer-lhe legumes é mais independente do que seus companheiros que dependem dos comerciantes para suprirem toda a sua alimentação; um artesão que possui suas ferramentas é mais independente do que um operário cujas mãos se tornam inúteis quando é conveniente ao patrão tirar-lhe o uso de sua máquina. Quanto à defesa contra os perigos, a situação do indivíduo a esse respeito depende da forma de combate praticada pela sociedade da qual faz parte; nos casos em que o combate é monopólio dos membros de determinada camada social, a segurança de todos os outros depende desses privilegiados; nos casos em que o poder dos armamentos e o caráter coletivo do combate dão o monopólio da força militar ao poder central, este dispõe, a seu bel-prazer, da segurança dos cidadãos. Em resumo, a sociedade menos ruim é aquela na qual o mais comum dos homens se encontra na maioria das vezes na obrigação de pensar enquanto age, tem as maiores possibilidades de controle sobre o conjunto da vida coletiva e possui a maior independência. Ademais, as condições necessárias para diminuir o peso opressivo do mecanismo social entram em contradição umas com as outras assim que certos limites são ultrapassados; portanto, não se trata de avançar o máximo em uma determinada direção, mas, o que é muito mais difícil, de encontrar um certo equilíbrio ótimo.

    A concepção puramente negativa de um enfraquecimento da opressão social não pode por si mesma dar um objetivo às pessoas de boa vontade. É indispensável forjar ao menos uma representação vaga da civilização que se deseja para o futuro da humanidade; e pouco importa que essa representação tenha mais de simples sonho do que de verdadeiro pensamento. Se as análises precedentes estiverem corretas, a civilização mais plenamente humana seria aquela que tivesse como centro o trabalho manual, aquela na qual o trabalho manual constituísse o valor supremo. Não é nada semelhante à religião da produção que reinava na América durante o período da prosperidade, que reina na Rússia desde o plano quinquenal; porque essa religião tem como objeto real os produtos do trabalho e não o trabalhador, as coisas e não o homem. O trabalho manual deve tornar-se o valor mais elevado, não por sua relação com o que produz, mas sim por sua relação com o homem que o executa; não deve ser objeto de honrarias ou recompensas, mas constituir para cada ser humano aquilo de que precisa essencialmente para que sua vida adquira em si mesma um sentido e um valor diante de seus próprios olhos. Mesmo em nossos dias, as atividades que chamamos de desinteressadas, esporte, arte ou até pensamento, não conseguem, talvez, dar o equivalente do que sentimos quando nos pomos diretamente em contato com o mundo por intermédio de um trabalho não mecânico. Rimbaud se queixava de que «nós não estamos no mundo» e de que «a verdadeira vida está ausente»; nesses momentos de alegria e de plenitude incomparáveis, sabe-se por um átimo que a verdadeira vida está aí, experimenta-se em todo o ser que o mundo existe e que se está no mundo. Nem o cansaço físico consegue diminuir o poder desse sentimento, mas antes, enquanto não for excessivo, o aumenta. Se isso pode acontecer em nossa época, que maravilhosa plenitude de vida não podemos esperar de uma civilização em que o trabalho seja transformado o bastante para exercer plenamente todas as faculdades, para constituir o ato humano por excelência? Ele deveria, então, encontrar-se no próprio cerne da cultura. Outrora a cultura era considerada por muitos um fim em si, e, em nossos dias, os que veem nela mais do que uma simples distração procuram habitualmente um meio de evadir-se da vida real. Ao contrário, seu verdadeiro valor consistiria em preparar para a vida real, em armar o homem para que ele possa manter com esse universo, que é sua partilha, e com seus irmãos, cuja condição é idêntica à sua, relações dignas da grandeza humana. A ciência é considerada hoje por alguns um simples catálogo de receitas técnicas, por outros um conjunto de puras especulações do espírito que se bastam a si mesmas; os primeiros fazem muito pouco caso do espírito, e os segundos, do mundo. O pensamento constitui, certamente, a suprema dignidade do homem; mas se exerce no vazio, e, portanto, só se exerce em aparência, quando não apreende seu objeto, que só pode ser o universo. Ora, o que proporciona às especulações abstratas dos cientistas essa relação com o universo, que é o único que lhes confere um valor concreto, é o fato de que elas são direta ou indiretamente aplicáveis. Em nossos dias, é verdade, essas aplicações são alheias aos cientistas; os que elaboram ou estudam essas especulações fazem-no sem pensar em seu valor teórico. Pelo menos é assim na maioria das vezes. No dia em que for impossível compreender as noções científicas, mesmo as mais abstratas, sem perceber claramente, ao mesmo tempo, sua relação com as possíveis aplicações, e igualmente impossível aplicar, mesmo indiretamente, essas noções sem conhecê-las e compreendê-las a fundo, a ciência se tornará concreta e o trabalho, consciente; e só então ambos terão seu pleno valor. Até esse dia, ciência e trabalho terão sempre algo incompleto e desumano. Os que disseram até agora que as aplicações são o objetivo da ciência queriam dizer que a verdade não merece ser procurada e que só o êxito importa; mas poderíamos entender de outra forma: é possível conceber uma ciência que proponha como fim último aperfeiçoar a técnica, não para torná-la mais poderosa, mas simplesmente mais consciente e mais metódica. Ademais, o rendimento até poderia progredir ao mesmo tempo que a lucidez; «procurai primeiro o reino dos céus e todo o resto vos será dado por acréscimo». Uma ciência assim seria, em suma, um método para dominar a natureza, ou um catálogo das noções indispensáveis para chegar a esse domínio, ordenadas de modo que as torne transparentes para o espírito. É assim, sem dúvida, que Descartes concebeu a ciência. Quanto à arte de uma civilização como essa, ela cristalizaria nas obras a expressão do equilíbrio feliz entre o espírito e o corpo, entre o homem e o universo, que só pode existir em ato nas formas mais nobres do trabalho físico. Além disso, mesmo no passado, as obras de arte mais puras sempre exprimiram o sentimento, ou, falando de forma mais exata, o pressentimento de um equilíbrio como esse. O esporte teria como fim essencial dar ao corpo humano a flexibilidade, e, como diz Hegel, a fluidez que o torna penetrável ao pensamento e permite que este entre diretamente em contato com as coisas. As relações sociais seriam moldadas diretamente na organização do trabalho; os homens se agrupariam em pequenas coletividades de trabalhadores, nas quais a cooperação seria a lei suprema, e cada um poderia compreender claramente e controlar a relação entre as regras às quais sua vida seria submetida e o interesse geral. Ademais, cada momento da existência daria a cada um a ocasião para compreender e sentir quão profundamente os homens são um só, já que todos devem aplicar uma mesma razão para obstáculos análogos; e todas as relações humanas, desde as mais superficiais até as mais ternas, teriam algo dessa fraternidade viril que une os companheiros de trabalho.

Sem dúvida, trata-se de pura utopia. Mas descrever, ainda que sumariamente, um estado de coisas que seria melhor do que aquele existente significa sempre construir uma utopia; todavia não há nada mais necessário à vida do que descrições como essas, desde que sejam sempre ditadas pela razão. Aliás, todo o pensamento moderno desde o Renascimento está impregnado de aspirações mais ou menos vagas dessa civilização utópica; por algum tempo se chegou até a acreditar que essa civilização estivesse em formação e que entrávamos na época em que a geometria grega descera à terra. Descartes certamente acreditou nisso, assim como alguns de seus contemporâneos. Ademais, a noção do trabalho considerado como um valor humano é, sem dúvida, a única conquista espiritual que o pensamento fez desde o milagre grego; talvez essa fosse a única lacuna daquele ideal de vida humana que a Grécia elaborou, e que deixou atrás de si como uma herança imperecível. Bacon foi o primeiro a dar voz a essa noção. A antiga e desesperadora maldição do Gênesis, que fazia o mundo parecer uma prisão e o trabalho, a marca da escravidão e da abjeção dos homens, foi substituída por ele, em uma jogada de mestre, pelo verdadeiro mapa das relações do homem com o mundo: «O homem comanda a natureza obedecendo a ela». Essa fórmula tão simples deveria constituir por si só a Bíblia de nossa época. Ela é suficiente para definir o verdadeiro trabalho, aquilo que torna os homens livres, e isso porque ele é um ato de submissão consciente à necessidade. Depois de Descartes, os cientistas passaram progressivamente a considerar a ciência pura um fim em si mesma; em compensação, o ideal de uma vida consagrada a uma forma livre de trabalho físico começou a se manifestar nos escritores; e domina até a obra-prima do poeta geralmente considerado o mais aristocrático de todos, Goethe. Fausto, símbolo da alma humana em sua incansável perseguição do bem, abandona com desgosto a busca abstrata da verdade, que se tornou a seus olhos um jogo vazio e estéril; o amor o leva somente a destruir o ser amado; o poder político e militar se revela um mero jogo de aparências; o encontro da beleza lhe satisfaz, mas apenas por um instante; a condição de patrão lhe dá um poder que ele acha substancial, mas que, no entanto, o entrega à tirania das paixões. Deseja, ao cabo, ser despojado de seu poder mágico, que pode ser considerado o símbolo de toda espécie de poder; ele exclama: «Se eu ficasse diante de ti, Natureza, só em minha qualidade de homem, valeria então a pena ser uma criatura humana»; e acaba por alcançar, no momento da morte, o pressentimento da mais plena felicidade, imaginando para si uma vida transcorrida livremente entre um povo livre, e que seria de todo ocupada por um trabalho físico penoso e perigoso, mas cumprido em uma fraterna colaboração. Seria fácil citar ainda outros nomes ilustres, entre os quais Rousseau, Shelley e sobretudo Tolstói, que desenvolveu esse tema ao longo de toda a sua obra com um vigor incomparável. Quanto ao movimento operário, todas as vezes que soube fugir da demagogia, foi sobre a dignidade do trabalho que ele fundou as reivindicações dos trabalhadores. Proudhon ousava escrever: «O gênio do mais simples artesão supera tanto os materiais de que se serve quanto o espírito de Newton supera as esferas inertes cujas distâncias, massas e revoluções ele calcula»; Marx, cuja obra contém muitas contradições, indicava como característica essencial do homem, em oposição aos animais, o fato de ele produzir as condições de sua própria existência e assim produzir indiretamente a si mesmo. Os sindicalistas revolucionários que colocam no centro da questão social a dignidade do produtor como tal se vinculam à mesma corrente de pensamento. Em geral, podemos nos orgulhar de pertencer a uma civilização que trouxe consigo o pressentimento de um ideal novo.

Esboço da vida social contemporânea

É impossível conceber algo mais contrário a esse ideal do que a forma que nos dias de hoje a civilização moderna assumiu, ao fim de uma evolução de vários séculos. Nunca o indivíduo esteve tão completamente entregue a uma coletividade cega, e nunca os homens foram tão incapazes, não apenas de submeter suas ações a seus pensamentos, mas até de pensar. Os termos «opressores» e «oprimidos», a noção de classes, tudo isso está perdendo todo o significado, de tão evidentes que são a impotência e a angústia de todos os homens diante da máquina social, que se transformou em uma máquina de romper corações, de esmagar os espíritos, uma máquina de fabricar inconsciência, tolice, corrupção, covardia e sobretudo vertigem. A causa desse doloroso estado de coisas é bem clara. Vivemos em um mundo em que nada está à medida do homem; há uma desproporção monstruosa entre o corpo do homem, o espírito do homem e as coisas que constituem atualmente os elementos da vida humana; tudo é desequilíbrio. Não existe categoria, grupo ou classe de homens que escape a esse desequilíbrio devorador, com exceção, talvez, de algumas ilhotas de vida mais primitiva; e os jovens que nele cresceram, que nele crescem, refletem mais do que os outros dentro de si mesmos o caos que os circunda. Esse desequilíbrio é essencialmente uma questão de quantidade. A quantidade se tornou qualidade, como disse Hegel, e, em particular, basta uma simples diferença de quantidade para se passar da esfera do humano para a esfera do desumano. Em termos abstratos, as quantidades são indiferentes, já que se pode trocar arbitrariamente a unidade de medida; mas, em termos concretos, certas unidades de medida estão dadas e permaneceram até agora invariáveis: por exemplo, o corpo humano, a vida humana, o ano, o dia, a rapidez média do pensamento humano. A vida atual não está organizada na medida de todas essas coisas; ela se transferiu para uma ordem de grandeza completamente diferente, como se o homem se esforçasse por elevá-la ao nível das forças da natureza exterior deixando de considerar sua própria natureza. Se acrescentarmos que, com toda probabilidade, o regime econômico esgotou sua capacidade de construção e começa a não poder funcionar senão minando pouco a pouco suas bases materiais, veremos em toda a sua simplicidade a verdadeira essência da miséria infundada que constitui o quinhão das gerações presentes. Em aparência, em nossos dias quase tudo se cumpre metodicamente; a ciência é soberana, o maquinismo invade pouco a pouco toda a esfera do trabalho, as estatísticas adquirem importância crescente e, em uma sexta parte do globo, o poder central tenta regular o conjunto da vida social dentro de planos. Mas, na realidade, o espírito metódico desaparece progressivamente, porque o pensamento encontra cada vez menos a possibilidade de aferrar algo. As matemáticas constituem sozinhas um conjunto muito vasto e complexo para poderem ser abarcadas por uma única mente; sobretudo o conjunto formado pela matemática e pelas ciências da natureza; e também o conjunto formado pela ciência e por suas aplicações; por outro lado, tudo está ligado muito estreitamente para que o pensamento possa realmente aferrar noções parciais. Mas a coletividade se assenhora de tudo aquilo que o indivíduo já não é capaz de dominar. Por isso a ciência é, há bastante tempo e em maior medida, uma obra coletiva. Na verdade, os novos resultados são sempre, de fato, obra de homens determinados; mas, talvez com raras exceções, o valor de qualquer resultado depende de um conjunto tão complexo de relações com as descobertas passadas e com as possíveis pesquisas que nem mesmo o espírito do inventor os abarca totalmente. Assim, as luzes que se acumulam formam enigmas, à maneira de um vidro demasiado espesso que deixasse de ser transparente. Com mais razão ainda, a vida prática assume características cada vez mais coletivas, e o indivíduo como tal é cada vez mais insignificante dentro dela. O progresso da técnica e a produção em série reduzem cada vez mais os operários a um papel passivo; com isso, em uma proporção crescente e dimensão cada vez maior, eles chegam a uma forma de trabalho que lhes permite cumprir os gestos necessários sem entender a relação com o resultado final. Por outro lado, uma empresa se tornou uma coisa muito vasta e complexa para que um homem possa entendê-la plenamente; além disso, em todos os âmbitos, todos os homens que ocupam postos importantes da vida social estão encarregados de afazeres que ultrapassam consideravelmente o alcance de um espírito humano. Quanto ao conjunto da vida social, ele depende de tantos fatores, cada um dos quais é impenetravelmente obscuro e se mistura com outras relações inextricáveis, que ninguém nem sequer teria a ideia de procurar conceber seu mecanismo. Assim, a função social mais essencialmente ligada ao indivíduo, aquela que consiste em coordenar, dirigir e decidir, ultrapassa as capacidades individuais e se torna, em certa medida, coletiva e como que anônima.

Uma vez em que o que há de sistemático na vida contemporânea escapa ao domínio do pensamento, a regularidade é estabelecida por coisas que constituem o equivalente do que seria o pensamento coletivo se a coletividade pensasse. A coesão da ciência é garantida por signos; isto é, por um lado, por palavras ou expressões convencionais utilizadas para além do que consentiram as noções que nelas estavam primitivamente encerradas, e, por outro lado, por cálculos algébricos. No âmbito do trabalho, são as máquinas que assumem as funções essenciais. Aquilo que coloca em relação produção e consumo, e que regula a troca dos produtos, é a moeda. Enfim, nos casos em que a função de coordenar e de dirigir é muito pesada para a inteligência e para o pensamento de um homem só, ela é confiada a uma máquina estranha, cujas peças são homens, cujas engrenagens são constituídas por regulamentos, relatórios e estatísticas, e que se chama organização burocrática. Todas essas coisas cegas imitam o esforço do pensamento, chegando a enganá-lo. O simples jogo do cálculo algébrico conseguiu mais de uma vez alcançar aquilo que se poderia chamar de noção nova, com a diferença de que essas pseudonoções têm como único conteúdo relações de signos; e esse mesmo cálculo é muitas vezes maravilhosamente apropriado para transformar séries de resultados experimentais em leis, com uma facilidade desconcertante que lembra as transformações fantásticas que vemos nos desenhos animados. As máquinas automáticas parecem representar o modelo do trabalhador inteligente, fiel, dócil e consciencioso. Quanto à moeda, os economistas por muito tempo estavam persuadidos de que ela possui a virtude de estabelecer relações harmoniosas entre as diversas funções econômicas. E os mecanismos burocráticos conseguem quase substituir os patrões. Assim, em todos os âmbitos, o pensamento, apanágio do indivíduo, está subordinado a imensos mecanismos que cristalizam a vida coletiva, a ponto de que quase tenha se perdido o significado do que é o verdadeiro pensamento. Os esforços, as lutas, as habilidades dos seres de carne e osso que o tempo conduz por ondas sucessivas para a vida social só têm valor e eficácia sob a condição de virem por sua vez cristalizar-se nesses grandes mecanismos. A inversão da relação entre meios e fins, inversão que é em certa medida a lei de toda sociedade opressiva, torna-se aqui total, ou quase, e se estende a quase tudo. O cientista não apela para a ciência a fim de conseguir ver com mais clareza em seu próprio pensamento, mas aspira a conseguir resultados que possam ser adicionados à ciência constituída. As máquinas não funcionam para permitir que os homens vivam, mas nos resignamos a alimentar os homens a fim de que eles sirvam às máquinas. O dinheiro não oferece um processo cômodo para a troca de produtos, mas é o fluxo das mercadorias a constituir um meio para fazer com que o dinheiro circule. Enfim, a organização não é um meio de exercer uma atividade coletiva, mas a atividade de um grupo, seja qual for, é um meio de reforçar a organização. Outro aspecto da mesma inversão consiste no fato de que os signos, palavras e fórmulas algébricas no âmbito do conhecimento, moedas e símbolos de crédito na vida econômica, têm função de realidades e as coisas reais constitue apenas suas sombras, exatamente como no conto de Andersen, em que o sábio e sua sombra invertiam os papéis; o fato é que os signos são a matéria das relações sociais, enquanto a percepção da realidade pertence ao indivíduo. Além disso, o desapossamento do indivíduo a favor da coletividade não é total, nem poderia sê-lo; mas é difícil imaginar que possa ir mais longe do que foi até hoje. O poder e a concentração das armas põem todas as vidas humanas à mercê do poder central. Em razão da extensão formidável das trocas, a maior parte dos homens não pode alcançar a maior parte das coisas que consome a não ser por intermédio da sociedade e em troca de dinheiro; os próprios agricultores estão hoje submetidos em grande medida a essa necessidade de comprar. E, como a grande indústria é um regime de produção coletiva, muitos homens são obrigados, para que suas mãos possam alcançar a matéria do trabalho, a passar por uma coletividade que os incorpora e os obriga a uma tarefa mais ou menos servil; quando a coletividade os rechaça, a força e habilidade de suas mãos ficam inutilizadas. Os próprios agricultores, que antes escapavam a essa condição miserável, recentemente foram reduzidos a ela em um sexto do globo. Um estado de coisas assim sufocante suscita aqui e ali uma reação individualista; a arte e a literatura trazem suas marcas; mas, dado que, em virtude das condições objetivas, essa reação não pode incidir nem sobre o âmbito do pensamento nem sobre aquele da ação, ela permanece encerrada nos jogos da vida interior ou naqueles da aventura e dos atos gratuitos, isto é, não sai do reino das sombras; e tudo faz pensar que também essa sombra de reação está destinada a desaparecer quase completamente.

Quando o homem está tão subjugado, os juízos de valor podem se basear apenas em um critério puramente exterior; não há na linguagem um termo estranho o bastante ao pensamento para expressar convenientemente algo tão desprovido de sentido; mas pode-se dizer que esse critério se define pela eficácia, desde que isso signifique sucessos obtidos em vão. Nem mesmo uma noção científica é apreciada por seu conteúdo, o qual pode ser inteiramente ininteligível, mas pelas facilidades que ela proporciona, de coordenar, abreviar, resumir. No âmbito econômico, uma empresa não é julgada de acordo com a utilidade real das funções sociais que preenche, mas pela extensão que assume e pela rapidez com que se desenvolve; e assim para tudo. Portanto, o juízo de valor é de alguma forma confiado às coisas e não ao pensamento. A eficácia dos esforços de toda espécie sempre deve, é verdade, ser controlada pelo pensamento, porque, de forma geral, todo controle deriva do espírito; mas o pensamento está reduzido a um papel tão subalterno que podemos dizer, simplificando, que a função de controle passou do pensamento para as coisas. Mas essa complicação exorbitante de todas as atividades teóricas e práticas, que destronou assim o pensamento, quando se agrava ainda mais, acaba por tornar esse controle exercido pelas coisas, por sua vez, defeituoso e quase impossível. Tudo é cego então. Assim, no âmbito da ciência, a desmesurada acumulação dos materiais de toda espécie resultou em um caos tal que está próximo o momento em que todo o sistema parecerá arbitrário. O caos da vida econômica é ainda mais evidente. Na própria execução do trabalho, a subordinação de escravos irresponsáveis a chefes sobrecarregados pela quantidade de coisas a vigiar, e, aliás, eles mesmos em grande medida irresponsáveis, é causa de inúmeros defeitos de execução e de negligências; esse mal, antes limitado às grandes empresas industriais, se estendeu aos campos, onde os camponeses são submetidos à maneira dos operários, isto é, na Rússia soviética. A extensão extraordinária do crédito impede que a moeda exerça seu papel regulador no que concerne às trocas e à relação entre os diversos ramos da produção; e seria sem dúvida vão tentar remediar isso recorrendo à estatística. A extensão paralela da especulação chega a fazer com que a prosperidade das empresas seja, em grande medida, independente de seu bom funcionamento, pelo fato de que os recursos oriundos da produção de cada uma delas contam cada vez menos em relação ao aporte contínuo de capital novo. Em resumo, em todos os setores o sucesso se tornou algo quase arbitrário; ele aparece cada vez mais como obra do puro acaso; e, como constituía a única lei em todos os setores da atividade humana, nossa civilização é invadida por uma desordem crescente, e arruinada por um desperdício proporcional à desordem. Essa transformação se realiza no exato momento em que as fontes de lucro, das quais a economia capitalista tirou outrora seu prodigioso desenvolvimento, se tornam cada vez menos abundantes, em que as condições técnicas do trabalho impõem por si mesmas um ritmo rapidamente decrescente ao progresso do aparato industrial.

Tantas mudanças profundas ocorreram quase sem que as percebêssemos, e, mesmo assim, vivemos um período em que o próprio eixo do sistema social está, por assim dizer, se modificando. Durante todo o desenvolvimento do regime industrial, a vida social esteve orientada no sentido da construção. A formação do aparato industrial do planeta era o terreno por excelência na qual se travava a luta pelo poder. O objetivo da atividade econômica em geral era fazer crescer uma empresa mais rapidamente do que suas rivais, e isso com seus próprios recursos. A poupança era a lei da vida econômica; restringiam-se ao máximo o consumo não só dos operários, mas também dos capitalistas, e, de forma geral, todos os gastos que não fossem destinados ao equipamento industrial. Os governos tinham como missão, antes de mais nada, preservar a paz civil e internacional. Os burgueses tinham a sensação de que seria assim indefinidamente, para a maior felicidade da humanidade; mas não podia ser assim para sempre. Em nossos dias, a luta pelo poder, ainda que conservando aparentemente as mesmas formas, mudou de todo de natureza. O aumento extraordinário do peso que o capital material passou a ter nas empresas, se o compararmos àquele do trabalho vivo, a diminuição rápida da taxa de lucro que disso resulta, a massa continuamente crescente de despesas gerais, o desperdício, o prejuízo, a falta de qualquer elemento regulador capaz de ajustar os diversos ramos da produção, tudo impede que a atividade social ainda possa ter como eixo o desenvolvimento da empresa por meio da transformação do lucro em capital. Parece que a luta econômica deixou de ser uma rivalidade para ser uma espécie de guerra. Não se trata mais de organizar bem o trabalho, mas de arrancar a maior quantidade possível de capital disperso na sociedade vendendo ações, e depois arrancar a maior quantidade possível do dinheiro disperso por todos os lados vendendo produtos; tudo é jogado no âmbito da opinião e quase da ficção, com a ajuda da especulação e da publicidade. Sendo o crédito a chave de qualquer sucesso econômico, a poupança é substituída pelos gastos mais insanos. A palavra propriedade se tornou quase vazia de sentido; não se trata mais, para o ambicioso, de fazer prosperar um negócio do qual seria ele o proprietário, mas de passar para o atrás, se orienta todo seu controle o setor mais amplo possível da atividade econômica. Em uma palavra, para caracterizar de maneira aliás vaga e sumária essa transformação de uma obscuridade quase impenetrável, no presente momento, na luta pelo poder econômico trata-se muito menos de construir do que de conquistar; e, visto que a conquista é destruidora, o sistema capitalista, embora sendo aparentemente o mesmo de cinquenta anos atrás, se orienta integralmente em direção à destruição. Os instrumentos da luta econômica, publicidade, luxo, corrupção, investimentos formidáveis baseados quase inteiramente no crédito, escoamento de produtos inúteis por processos quase violentos, especulações destinadas a arruinar as empresas rivais, todos tendem a minar as bases de nossa vida econômica, muito mais do que a ampliá-las. Mas tudo isso é pouco diante de dois fenômenos conexos que começam a mostrar-se com clareza e a fazer pesar sobre a vida de cada um uma trágica ameaça: de um lado, o fato de que o Estado tende cada vez mais, e com uma extraordinária rapidez, a tornar-se o centro da vida econômica e social, e, de outro lado, a subordinação do econômico ao militar. Se tentamos analisar esses fenômenos em detalhes, somos contidos por um entrelaçamento quase inextricável de causas e efeitos recíprocos; mas a tendência geral é suficientemente clara. É bastante natural que o caráter cada vez mais burocrático da atividade econômica favoreça os progressos do poder do Estado, que é a organização burocrática por excelência. A transformação profunda da luta econômica atua no mesmo sentido; o Estado é incapaz de construir, mas, como concentra os meios de constrição mais poderosos, é levado, em certo sentido por seu próprio peso, a tornar-se pouco a pouco o elemento central quando se trata de conquistar e de destruir. Enfim, dado que a extraordinária complicação das operações de troca e de crédito faz com que a moeda já não baste para coordenar a vida econômica, um coordenador burocrático deve fornecê-la; e a organização burocrática central, que é o aparato do Estado, deve obviamente ser levada, cedo ou tarde, à condição de controlador dessa coordenação. O eixo em torno do qual a vida social gira assim transformada não é outro senão a preparação para a guerra. Desde o momento em que a luta pelo poder se opera pela conquista e pela destruição, em outras palavras, mediante uma guerra econômica difusa, não é de estranhar que a guerra propriamente dita ascenda ao primeiro plano. E, dado que a guerra é a forma própria da luta pelo poder quando estão em competição os Estados, todo progresso da intervenção do Estado na vida econômica tem como efeito orientar a vida industrial em uma dimensão ainda maior a fim de se preparar para a guerra, enquanto reciprocamente as exigências sempre crescentes da preparação para a guerra contribuem para submeter cada dia mais o conjunto das atividades econômicas e sociais de cada país à autoridade do poder central. Vê-se claramente que a humanidade contemporânea tende um pouco por toda parte a uma forma totalitária de organização social, para usar a palavra que os nacional-socialistas colocaram em voga, isto é, tende a um regime no qual o poder do Estado decide soberanamente em todos os âmbitos, até, e sobretudo, no âmbito do pensamento. A Rússia fornece, para grande infelicidade do seu povo, um exemplo quase perfeito desse regime; os outros países não poderão se aproximar desse modelo a menos que ocorram comoções análogas à de outubro de 1917, mas parece inevitável que todos se aproximem mais ou menos dela durante os anos vindouros. Essa evolução dará inevitavelmente à desordem uma forma burocrática, e assim aumentarão ainda mais a incoerência, o desperdício, a miséria. As guerras trarão consigo um consumo insensato de matérias-primas e de materiais, uma destruição louca dos bens de toda espécie legados pelas gerações precedentes. Quando o caos e a destruição atingirem o limite a partir do qual o próprio funcionamento da organização econômica e social se torna materialmente impossível, nossa civilização perecerá; e a humanidade, que terá retornado a um nível de vida mais ou menos primitivo e a uma vida social dispersa em coletividades muito menores, partirá novamente para um novo caminho absolutamente impossível de prever.

Imaginar que se possa orientar a história em uma direção diferente, transformando o regime por meio de reformas ou revoluções, esperar a salvação de uma ação defensiva ou ofensiva contra a tirania e o militarismo é sonhar acordado. Não há nada sobre o que fundar até mesmo simples tentativas. A fórmula de Marx segundo a qual o regime geraria seus próprios coveiros recebe a cada dia cruéis desmentidos; e, aliás, é de indagar como Marx pôde crer que a escravidão pudesse formar homens livres. Jamais até hoje na história um regime de escravidão caiu sob os golpes dos escravos. A verdade é que, conforme uma fórmula célebre, a escravidão avilta o homem até se tornar amada por ele; que a liberdade só é preciosa aos olhos dos que a possuem efetivamente; e que um regime inteiramente desumano, como é o nosso, longe de forjar seres capazes de edificar uma sociedade humana, modela à sua imagem todos os que estão submetidos a ele, tanto oprimidos quanto opressores. Por toda parte, em graus diferentes, a impossibilidade de relacionar aquilo que se dá com aquilo que se recebe matou o sentido do trabalho bem-feito, o sentimento de responsabilidade, suscitou a passividade, o abandono, o hábito de esperar tudo de fora, a crença nos milagres. Mesmo no campo, o sentimento de um laço profundo entre a terra que alimenta o homem e o homem que trabalha a terra desapareceu em grande medida desde que o gosto da especulação e as variações imprevisíveis das moedas e dos preços habituaram os lavradores a voltar o olhar para cidade. O operário não tem consciência de ganhar a vida exercitando sua qualidade de produtor; simplesmente a empresa o escraviza todos os dias durante longas horas, e lhe concede a cada semana uma soma de dinheiro que lhe dá o poder mágico de suscitar em um instante produtos já prontos, exatamente como fazem os ricos. A presença de inumeráveis desempregados, a cruel necessidade de mendigar um lugar fazem com que o salário pareça mais uma esmola do que um salário. Quanto aos desempregados em si, por mais que sejam parasitas involuntários e ademais miseráveis, não deixam de ser parasitas. De maneira geral, a relação entre o trabalho fornecido e o dinheiro recebido é tão dificilmente captável que parece quase contingente, fazendo com que o trabalho pareça escravidão e o dinheiro, um favor. As ditas classes dirigentes são atingidas pela mesma passividade de todas as outras, porque, submersas como estão por um oceano de problemas inextricáveis, renunciaram há muito tempo a dirigir. Procurar-se-ia em vão, do mais alto ao mais baixo na escala social, um grupo de homens nos quais pudesse um dia germinar a ideia de ser capaz, caso fosse necessário, de tomar em suas mãos os destinos da sociedade; somente as declamações dos fascistas poderiam iludir a esse respeito, mas são vazias. Como sempre acontece, a confusão mental e a passividade dão livre curso à imaginação. Por todos os lados se está obcecado por uma representação da vida social que, embora diferindo consideravelmente de um meio para outro, é sempre feita de mistérios, qualidades ocultas, mitos, ídolos, monstros; cada um acha que o poder reside misteriosamente em um dos meios aos quais não tem acesso, porque quase ninguém compreende que ele não está em nenhum lugar, de forma que por toda parte o sentimento dominante é esse medo vertiginoso que produz sempre a perda do contato com a realidade. Cada meio aparece de fora como um objeto de pesadelo. Nos meios ligados ao movimento operário, os sonhos são assombrados por monstros mitológicos que têm por nome Finança, Indústria, Bolsa, Banco e outros; os burgueses sonham com outros monstros, que se chamam intrigantes, agitadores, demagogos; os políticos consideram os capitalistas seres sobrenaturais que são os únicos a possuir as chaves da situação, e vice-versa; cada povo considera os povos vizinhos monstros coletivos animados de uma perversidade diabólica. Poder-se-ia desenvolver esse tema ao infinito. Em uma situação como essa, qualquer nulidade pode ser vista como um rei e em certa medida graças a essa crença; e isso não é verdade apenas no que diz respeito aos homens comuns, mas também em relação aos meios dirigentes. Nada é mais fácil do que difundir um mito qualquer por toda uma população. Não devemos, assim, nos espantar com a aparição de regimes «totalitários» sem precedentes na história. Diz-se com frequência que a força é impotente para domar o pensamento; mas, para que isso seja verdade, é preciso que haja pensamento. Quando as opiniões irracionais tomam o lugar de ideias, a força pode tudo. É muito injusto dizer, por exemplo, que o fascismo anula o pensamento livre; na verdade, é a ausência de pensamento livre que torna possível impor pela força doutrinas oficiais completamente desprovidas de significado. Para dizer a verdade, um regime como este consegue ainda aumentar consideravelmente a estupidez geral, e há pouca esperança para as gerações que tiverem crescido dentro das condições que ele determina. Em nossos dias, toda tentativa para embrutecer os seres humanos encontra à sua disposição meios poderosos. Por sua vez, uma coisa é impossível, ainda que dispuséssemos da melhor tribuna; isto é, difundir amplamente ideias claras, raciocínios corretos, perspectivas razoáveis.

Dos homens não se deve esperar nenhuma ajuda; e, ainda que assim não fosse, os homens estariam igualmente vencidos de antemão pelo poder das coisas. A sociedade atual não fornece, como meios de ação, senão máquinas de esmagar a humanidade; sejam quais forem as intenções dos que as tomam nas mãos, essas máquinas esmagam e, enquanto existirem, esmagarão. Com essas prisões industriais que são as grandes fábricas só se podem fabricar escravos, e não trabalhadores livres, e muito menos trabalhadores capazes de formar uma classe dominante. Com canhões, aviões, bombas é possível semear a morte, o terror, a opressão, mas não a vida e a liberdade. Com máscaras de gás, abrigos, sinais de alerta, podem-se forjar miseráveis rebanhos de seres enlouquecidos, prestes a ceder aos terrores mais insensatos e a acolher com reconhecimento as mais humilhantes tiranias, mas não cidadãos. Com a grande imprensa e o rádio podemos fazer todo um povo engolir, junto com o café da manhã e o jantar, opiniões preconcebidas, pois pontos de vista razoáveis se deformam e se tornam falsos no espírito daqueles que os assimilam sem reflexão; mas com esses meios não é possível suscitar nenhuma centelha de pensamento. E sem fábricas, sem armas, sem grande imprensa não se pode nada contra os que possuem tudo isso. Assim é com tudo. Os meios poderosos são opressivos, os meios fracos são inoperantes. Todas as vezes que os oprimidos quiseram constituir agrupamentos capazes de exercer uma real influência, esses agrupamentos, quer se chamassem partidos ou sindicatos, reproduziram integralmente em seu seio todas as taras do regime que pretendiam reformar ou abater, isto é, a organização burocrática, a inversão da relação entre os meios e os fins, o desprezo pelo indivíduo, a separação entre o pensamento e a ação, o caráter maquinal do próprio pensamento, a utilização do embrutecimento e da mentira como meios de propaganda, e assim por diante. A única possibilidade de salvação estaria em uma cooperação metódica de todos, fortes e fracos, aspirando a uma descentralização progressiva da vida social; mas o absurdo de uma ideia como essa salta imediatamente aos olhos. Impossível imaginar tal cooperação mesmo em sonho, dentro de uma civilização que se apoia na rivalidade, na luta, na guerra. Fora dessa cooperação é impossível deter a tendência cega da máquina social em direção a uma crescente centralização até o momento em que a própria máquina se trave brutalmente e se esfacele. Que peso podem ter os desejos e as aspirações daqueles que não estão nos postos de comando, quando, reduzidos à mais trágica das impotências, são simples joguetes de forças cegas e brutais? Quanto aos que possuem um poder econômico ou político, acossados como estão de forma contínua pelas ambições rivais e pelos poderes hostis, não podem trabalhar para enfraquecer seu próprio poder sem se condenar em quase inevitavelmente a se ver despojados dele. Quanto mais se sentirem animados de boas intenções, mais serão levados, ainda que a contragosto, a tentar estender seu poder para estender sua capacidade de fazer o bem; o que equivale a oprimir na esperança de libertar, como fez Lênin. É evidentemente impossível que a descentralização parta do poder central; uma vez que o poder central se exerce, ele subordina a si todo o resto. De maneira geral, a ideia do despotismo esclarecido, que sempre teve um caráter utópico, é, em nossos dias, totalmente absurda. Diante de problemas cuja variedade e complexidade ultrapassam infinitamente tanto os grandes como os pequenos espíritos, nenhum déspota no mundo pode ser esclarecido. Se alguns homens podem esperar, à custa de reflexões honestas e metódicas, perceber alguma luz nessa escuridão impenetrável, não é, certamente, o caso daqueles a quem as preocupações e as responsabilidades do poder privam, ao mesmo tempo, de lazer e de liberdade de espírito. Em semelhante situação, o que podem fazer os que ainda se obstinam, apesar de tudo, em respeitar a dignidade humana, em si mesmos e nos outros? Nada, a não ser esforçar-se por aliviar um pouco as engrenagens da máquina que nos esmaga; aproveitar todas as oportunidades para acordar um pouco o pensamento por toda parte em que puderem; favorecer tudo o que é suscetível, no âmbito da política, da economia ou da técnica, de deixar aqui e ali ao indivíduo uma certa liberdade de movimentos no interior dos laços com que a organização social o rodeia. Já é alguma coisa, é claro, mas não se vai muito longe. A situação em que estamos, no geral, é bastante parecida com a de viajantes totalmente ignaros que se encontrassem em um automóvel lançado a toda a velocidade e sem motorista em um terreno acidentado. Quando se produzirá a ruptura pela qual poderemos tentar construir algo novo? Talvez seja questão de algumas dezenas de anos, talvez de séculos. Nenhum indício permite que se estabeleça um prazo provável. Parece, no entanto, que os recursos materiais de nossa civilização não correm o risco de se esgotar antes de um tempo bastante longo, mesmo levando em conta as guerras; e, por outro lado, dado que a centralização, abolindo toda iniciativa individual e toda vida local, destrói por sua própria existência tudo aquilo que poderia servir de base para uma organização diferente, podemos supor que o atual sistema subsistirá até o extremo limite de suas possibilidades. Em suma, parece sensato pensar que as gerações que vão estar em presença das dificuldades suscitadas pelo colapso do atual regime ainda estão por nascer. Quanto às gerações atuais, são talvez, dentre todas as gerações que se sucederam no decorrer da história humana, as que tiveram de suportar o maior número de responsabilidades imaginárias e as menores responsabilidades reais. Essa situação, uma vez plenamente compreendida, nos dá uma maravilhosa liberdade de espírito.

Conclusão

Exatamente o que perecerá e o que subsistirá da civilização atual? Em que condições, em que sentido a história se desenrolará a seguir? Essas são questões insolúveis. O que sabemos de antemão é que a vida será tanto menos desumana quanto maior for a capacidade individual de pensar e de agir. A civilização atual, da qual nossos descendentes recolherão, sem dúvida, pelo menos alguns fragmentos como herança, contém em si, infelizmente, o poder de esmagar o homem; mas contém também, ao menos em germe, o poder de libertá-lo. Há, em nossa ciência, apesar de todas as obscuridades produzidas por uma espécie de nova escolástica, fulgores admiráveis, partes límpidas e luminosas, procedimentos perfeitamente metódicos do espírito. Também em nossa técnica há germes de libertação do trabalho. Certamente não, como se crê comumente, graças às máquinas automáticas; essas parecem sim adequadas, do ponto de vista puramente técnico, para aliviar os homens da parte mecânica e inconsciente que o trabalho pode conter, mas, em compensação, estão indissoluvelmente ligadas a uma organização da economia centralizada em excesso e, assim, muito opressiva. Mas outras formas da máquina-ferramenta produziram, sobretudo antes da guerra, talvez o mais belo tipo de trabalhador consciente que já apareceu na história, isto é, o operário qualificado. Se, durante os últimos vinte anos, a máquina-ferramenta tomou formas cada vez mais automáticas, se o trabalho realizado até em máquinas de modelo relativamente antigo se tornou cada vez mais mecânico, a causa está na crescente concentração da economia. Quem sabe se uma indústria dispersa em inúmeras pequenas empresas não suscitaria uma evolução inversa à da máquina-ferramenta e, paralelamente, formas de trabalho que solicitassem muito mais consciência e engenhosidade do que o trabalho mais qualificado das fábricas modernas? Pode-se esperar, ainda mais que a eletricidade fornece a forma de energia que conviria a uma organização industrial como essa. Visto que nossa impotência quase completa em relação aos males presentes, uma vez claramente compreendida, nos dispensa pelo menos de nos preocuparmos com a atualidade salvo nos momentos em que somos diretamente atingidos, que tarefa mais nobre poderíamos assumir do que a de preparar metodicamente um futuro como esse, trabalhando para fazer o inventário da civilização presente? Na verdade se trata de uma tarefa que ultrapassa, de longe, as possibilidades tão restritas de uma vida humana; e, além disso, orientar-se para semelhante direção significa condenar-se com certeza à solidão moral, à incompreensão, à hostilidade seja dos inimigos da ordem existente, seja de seus servidores; quanto às gerações futuras, nada permite supor que o acaso possa fazer chegar até elas, pelas catástrofes que nos separam delas, também os fragmentos de ideias que alguns espíritos solitários poderiam elaborar em nossos dias. Todavia seria loucura queixar-se de uma situação como essa. Nunca houve pacto algum com a Providência que prometesse eficácia aos esforços, nem aos mais generosos. E, quando alguém resolveu, em si mesmo e em seu âmbito de ação, confiar apenas em esforços que tivessem sua fonte e princípio no pensamento daquele que os cumpre, seria ridículo desejar que uma operação mágica permitisse obter grandes resultados com as forças ínfimas de que os indivíduos isolados dispõem. Não é jamais com semelhantes raciocínios que uma alma firme pode deixar-se desviar, quando vislumbra claramente uma coisa a fazer, e uma só. Tratar-se-ia, assim, de separar, na civilização atual, aquilo que pertence de direito ao homem considerado como indivíduo e o que é de tal natureza que possa proporcionar à coletividade armas contra ele, procurando contemporaneamente os meios para desenvolver os primeiros elementos em detrimento dos segundos. No que concerne à ciência, não é preciso tentar acrescentar nada à massa de conhecimentos já muito grande que ela possui; é preciso fazer seu balanço para permitir que o espírito traga à luz o que lhe pertence propriamente, aquilo que é constituído de noções claras, e deixar de lado o que é somente procedimento automático finalizado a coordenar, unificar, resumir ou mesmo descobrir; é preciso tentar reduzir esses mesmos procedimentos a processos conscientes do espírito; é preciso, em geral, onde seja possível, conceber e apresentar os resultados como um simples momento na atividade metódica do pensamento. Para que isso se dê, um estudo sério da história das ciências é sem dúvida indispensável. Quanto à técnica, seria preciso estudá-la de forma aprofundada, em sua história, em seu estado atual, em suas possibilidades de desenvolvimento, e sob um ponto de vista totalmente novo, que não seria mais o do rendimento, mas o da relação do trabalhador com seu trabalho. Enfim, seria preciso esclarecer totalmente a analogia dos processos que o pensamento humano realiza, de um lado, na vida cotidiana e especialmente no trabalho e, do outro lado, na elaboração metódica de ciência. Ainda que um conjunto de reflexões assim orientadas não tivesse nenhuma influência na evolução posterior da organização social, não perderia por isso seu valor; os destinos futuros da humanidade não são o único objeto digno de consideração. Só fanáticos podem atribuir valor à sua própria existência unicamente se ela serve a uma causa coletiva; reagir contra a subordinação do indivíduo à coletividade implica que se comece recusando a subordinação de seu próprio destino ao curso da história. Para decidir-se por semelhante esforço de análise crítica, basta compreender que ele permitirá, a quem o empreender, fugir do contágio da loucura e da vertigem coletiva, reatando, por conta própria, acima do ídolo social, o pacto original do espírito com o universo.

1934

Trotzdem

1. *Estrangeiros residentes*, Donatella Di Cesare
2. *Contra o mundo moderno*, Mark Sedgwick
3. *As novas faces do fascismo*, Enzo Traverso
4. *Cultura de direita*, Furio Jesi
5. *Punir*, Didier Fassin
6. *Teoria da classe inadequada*, Raffaele Alberto Ventura
7. *Classe*, Andrea Cavalletti
8. *Bruxas*, Mona Chollet
9. *Escola de aprendizes*, Marina Garcés
10. *Campos magnéticos*, Manuel Borja-Villel
11. *Filosofia do cuidado*, Boris Groys
12. *A esquerda não é woke*, Susan Neiman
13. *O irrealizável*, Giorgio Agamben
14. *Psicopolítica*, Byung-Chul Han
15. *Crítica da vítima*, Daniele Giglioli
16. *Reflexões sobre as causas da liberdade e da opressão social*, Simone Weil